추억의 기록: 50년 전 내가 만난 한국, 사진 속 순간들

Pictorial Memoir: Korea Fifty Years Ago

추억의 기록: 50년 전 내가 만난 한국, 사진 속 순간들
Pictorial Memoir: Korea Fifty Years Ago

1판1쇄 발행 2020년 2월 5일

지은이 마르티나 도이힐러 Martina Deuchler
옮긴이 김우영 Kim Woo-young
펴낸이 김형근
펴낸곳 서울셀렉션㈜
편집 문화주
영문 교정교열 이다인
디자인 이찬미
마케팅 김종현, 황순애, 최문섭

등록 2003년 1월 28일(제1-3169호)
주소 서울시 종로구 삼청로 6 (03062)
편집부 전화 02-734-9567 팩스 02-734-9562
영업부 전화 02-734-9565 팩스 02-734-9563
홈페이지 www.seoulselection.com

ISBN 979-11-89809-21-8 02380

추억의 기록

50년 전 내가 만난 한국, 사진 속 순간들

Pictorial Memoir
Korea Fifty Years Ago

마르티나 도이힐러
Martina Deuchler

서울셀렉션

CONTENTS

6	프롤로그: 한국과의 인연	Prologue: Approaching Korea
30	시골 풍경	The Village and Its Environs
46	마을의 여성들	Women's Activities
60	안택고사	Purification of the Household (antaek)
74	양반 가옥, 서원, 향교, 절	Aristocratic Residences, Confucian Schools, and Buddhist Temples
98	조상을 위하여	Confucian Ancestral Rites
120	동제	Village Rites (dongje)
142	이문동의 만신	Shaman of Imun-dong
164	변화하는 경주	Changing Gyeongju
182	모험적인 섬 여행	Insular Adventures

프롤로그:

한국과의 인연

Prologue: Approaching Korea

《추억의 기록》은 내가 1960년대 말과 1970년대 초에 각각 2년 남짓 한국에 살면서 마주했던 풍경들의 기록이다. 그때 촬영한 3천 장이 넘는 사진에서 몇 장을 정선했다. 이 사진들은 당시만 해도 사실상 서양에 알려지지 않은 나라였던 한국에 대한 나의 초창기 인상을 담고 있다. 이렇다 할 촬영 기술도 모르면서 대부분 아무 생각 없이 셔터를 눌러댔고, 아주 가끔씩은 장차 강의에 활용할 수도 있겠다는 생각을 했을 뿐이다. 50여 년의 세월이 흐른 지금, 그때 찍은 사진들은 역사적으로 중요한 의미를 지니게 되었다. 이 낡은 이미지 속에는 한국에서조차 낯선 과거가 돼버린 세계가 담겨 있기 때문이다. 내게 있어서 이 사진들은 내가 평생 소중하게 간직해온 추억의 저장고다.

한국은 순전히 상황적인 우연성으로 인해 내 인생의 중심으로 다가왔다. 내 전공은 중국 고전과 일본어였기 때문에 한국에는 별 관심이 없었다. 그런데 하버드대학교에서 박사학위 논문 주제를 정할 때, 존 K. 페어뱅크 지도교수가 뜻밖에도 19세기 말 한국(조선)에서 조약에 따라 개항 조치가 취해진 항구에 대한 논문을 써보라고 권했다. 내가 한국에 대해 전혀 아는 게 없다며 이의를 제기하자, 그는 참고해야 할 모든 사료가 한문으로 작성되어 있기 때문에 굳이 한국어를 배울 필요도 없다는 말로 나의 주장을 일축했다. 그렇게 해서 19세기 말 한국 외교사에 관한 논문으로 박사학위를 받긴 했지만, 당시 하버드에는 한국에 관한 자료가 부족하여 연구에 상당한 어려움을 겪었다. 그래서 나는 페어뱅크 교수의 주선으로 하버드-옌칭 연구소의 장학금을 받아 서울대학교 규장각(과거 왕실도서관)에서 추가 연구를 수행하게 되었다.

하지만 그런 기회로 한국사 연구를 하게 된 것은 내가 평생 한국에 매료된 이유들 가운데 하나였을 따름이다. 또 한 차례 운명의 기이한 반전이 있었다. 하버드에서 보낸 첫 해, 기말 논문을 쓰면서 어떤 중국서적이 꼭 필요했는데 알고 보니 조 모씨가 그 책을 먼저 대출한 상태였다. 이 사람은 1960년에 하버드에서 박사학위를 받은 역사가 조직량(영문이름은 Ching Young Choe)으로 밝혀졌다. 이렇게 우연히 다가온 인연은 우리를 연인으로 발전시켰다.

조직량은 경상북도 영천의 작은 마을 출신으로, 조 씨 집안은 수 세기 동안 그곳에서 대대로 살고 있었다. 그는 어릴 적부터 한문을 배웠고 일본에 가서 야마구치 고등학교에 다녔으며, 그 후 한국전쟁 기간에 유엔군 통역사로 복무하다 미국에서 유학할 기회를 얻었다. 언제나 조국의 운명에 깊은 관심을 보였던 그는 한국사를 공부하기로 했고, 대원군 시대(1860년대)에 관한 방대한 분량의 박사학위 논문을 썼다. 나중에 그는 인문학 진흥기관인 미국학술단체협의회의 의뢰를 받아 한국사 강의안을 작성하기도 했다. 그는 독일에서 수년 동안 한국사를 강의했으며, 1966년 7월 8일 취리히에서 별세했다. 우리의 결혼 생활은 짧지만 격렬했는데, 슬프게도 1960년대 초 한국에서 일어난 떠들썩한 사건들이 언제나 우리의 어깨를 짓눌렀다. 남편은 박정희 정권을 비판했으며 열렬한 애국자로, 그를 기다리고 있을지도 모를 불확실한 운명 때문에 우리는 함께 한국으로 돌아가지 못했다.

학문적 필요성과 시댁 방문을 겸해, 1967년 가을 나는 혼자 한국으로 떠나게 되었다.

Pictorial Memoir contains a small selection from over three thousand photographs I took when I lived in Korea for a couple of years in the late 1960s and early 1970s. These pictures record my early impressions of Korea, a country that was practically unknown in the West at that time. I took these photos casually and without photographic expertise, and only occasionally with the intention of using them in future lectures. Now, some fifty years later, they have acquired historical interest as they depict a world that in the meantime has become largely unfamiliar even in Korea. For me, these photos preserve memories I have cherished throughout my life.

Korea became the focus of my interest in a purely circumstantial way. Because I majored in Chinese classics and the Japanese language, Korea was quite outside the realm of my studies. Yet, when the time came for me to choose a topic for my doctoral dissertation at Harvard University, my advisor, Professor John K. Fairbank, unexpectedly urged me to write on the opening of Korea's treaty ports in the late nineteenth century. He dismissed my objection that I did not know anything about Korea with the remark that since all the historical documents I would need to consult were written in classical Chinese, I would not have to learn Korean! Although I received my doctoral degree with a dissertation on late nineteenth-century Korean diplomatic history, my work had been greatly hampered by the dearth of Korean materials at Harvard. Fairbank therefore sent me to Korea on a Harvard-Yenching scholarship to do additional research in the former royal archives, the Kyujanggak, housed at Seoul National University.

Scholarship was, however, only one reason for my lifelong fascination with Korea. By another strange turn of fate, for a term paper in my first year at Harvard I needed a specific Chinese book, which, I was told, was checked out by a Mr. Choe. This turned out to be the historian Dr. Ching Young Choe (Cho Chik-ryang), Harvard PhD of 1960. Out of this casual encounter developed an enduring love.

Ching Young Choe came from a small village in the district of Yeongcheon (Gyeongsangbuk-do) where his family had lived for centuries. He received a classical education from an early age, went to Japan to attend Yamaguchi High School, and later, during the Korean War, when he served as an interpreter to the United Nations forces, had a chance to go to the United States to continue his studies. Always deeply concerned with the fate of his country, he turned to Korean history and submitted a massive doctoral dissertation published in 1972 under the title of "The Rule of the Taewŏn'gun, 1864-1873—Restoration in Yi Korea." Later, he was commissioned to write a Korean history syllabus for the American Council of Learned Societies. After a few years of teaching Korean history in Germany, he died in Zurich on July 8, 1966. Our married time was short but intense, sadly always overshadowed by the tumultuous events in Korea in the early 1960s. Ching Young was a fervent patriot who opposed the Park Chung-hee regime, and the uncertain fate that might have awaited him there kept us from going back to

Korea together.

It was thus scholarly calling combined with family connections that led me to travel alone to Korea in the fall of 1967.

한국에 도착하다

1967년 9월의 한 청명한 가을날 김포공항에 내렸다. 도쿄에서는 한국행 국제선 직항편이 없었기 때문에 대한항공(당시는 대한항공공사)의 소형 여객기로 갈아타고 서울에 왔다. 시동생 조익호가 공항에 마중을 나왔는데, 그는 이후로도 내가 한국에 올 때마다 어김없이 마중을 나왔다. 그는 범문사의 유익형 사장과 함께 왔고, 나와 안면이 있는 유 사장은 다행히 영어를 할 줄 알았다. 처음에는 서울 중심가에 있는 아담한 한국식 숙소인 운당여관에 묵었다. 며칠 뒤 서울대 규장각에서 연구를 시작해도 좋다는 허락을 받기 위해 최문환 당시 서울대 총장을 만났고, 최 총장의 배려로 명륜동의 한옥으로 숙소를 옮길 수 있었다. 그곳은 홀로 된 그의 계수가 살고 있던 집이었는데, 동숭동 고문서 도서관과 가까워서 좋았다.

한국에서 처음 맞는 날들은 몹시 당황스러운 순간의 연속이었다. 나는 꿈에서조차 상상하지 못했던 환경과 맞닥뜨렸다. 게다가 나를 기다리고 있던 것들에 대해 전혀 준비가 되어 있지 않았다. 몇 권 되진 않았지만 한국에 관해 내가 구할 수 있었던 책들은 모조리 읽었고, 남편에게서 무수한 이야기를 들었다. 그러나 그런 식으로 얻은 정보는 복잡하고도 미묘한 일상생활에 적응하는 데 별로 도움이 되지 않았다. 나는 서울의 그 동네에 살고 있던 유일한 외국인이었다. 아이들은 내 뒤를 졸졸 따라다니며 나를 '코 큰 사람'이라 불렀고, 할머니들은 금발이 '진짜'인지 확인하려고 슬그머니 내 머리카락을 만졌다.

나는 보료를 깔고 작은 상을 놓으면 꽉 차는 온돌방에서 기거했다. 그 방의 유일한 창문은 집 뒤편 쪽마루 쪽으로 나 있었으며, 창호지가 발라져 있었다. 희미한 형광등이 종잇장처럼 얇은 천장에 위태롭게 매달려 있었고, 가끔은 쥐가 천정을 긁으며 돌아다니는 소리가 들렸다. 수돗물도 없었고 화장실이라곤 땅에 구멍을 뚫어놓은 것이 고작이었다. 식사 시간이 되면 매번 밥과 국, 김치, 어쩌다 계란이 오르는 작은 상을 받았다. 방에 앉아 있으면 집 밖에서 소음이 끊임없이 들려왔다. 옆집에서 시끄럽게 떠들거나 말다툼하는 소리, 채소를 파는 트럭에서 울려 퍼지는 요란한 스피커 소리, 가끔씩은 여성의 모발을 사기 위해 돌아다니는 행상 아주머니의 카랑카랑한 목소리('머리털 팔아요'), 신문지나 병, 판지 같은 고물을 끈적끈적한 엿 한 조각과 바꿔 주던 엿장수 아저씨의 가위질 소리 등이었다. 때로는 내 방이 소독차가 뿜어내는 짙고 뿌연 연막에 휩싸이기도 했는데, 그 연기는 집안의 파리와 해

충을 효과적으로 박멸했다. 공기 오염이 심하지는 않았지만, 특히 겨울철에는 취사와 난방용으로 집집마다 때던 연탄이 매캐한 연기를 피워올렸다. 후각적으로 가장 견디기 힘들었던 것은 내 방 밖 처마에 매달아 상쾌한 가을바람에 말리던 지독한 메주 냄새였다. 그곳 환경 때문에 나는 정말이지 짧은 시간 내에 한국의 소리와 냄새에 익숙해지지 않을 수 없었다.

Arriving in Korea

I landed in Gimpo, the Seoul airport, on a bright autumn day in September 1967. I flew in from Tokyo in a small plane operated by Korean Airlines because there were no direct international flights to Korea. I was welcomed by my brother-in-law, Cho Ik-ho, who even later never missed one of my many arrivals. He was accompanied by Yu Ik-hyeon, the owner of Panmun Book Company, whom I had met before and who fortunately spoke English. I was initially housed in a small Korean-style inn, Undang Yeogwan, in the middle of Seoul. To obtain permission to start my research in the Kyujanggak Archives in Seoul National University, I was introduced to Professor Choe Mun-hwan, the then-president of SNU. Through his good services, I was allowed to move into the Korean-style house of his widowed sister-in-law in Myeongnyun-dong, conveniently close to the archives in Dongsung-dong.

The first days and weeks in Korea were overwhelming. I found myself in an environment I could not have pictured in my wildest dreams. I had been badly prepared for what was awaiting me. I had read all the books on Korea I had been able to find—not more than a handful—and heard countless stories my husband liked to tell me. But none of these acquainted me with the intricacies of everyday life. I was the only foreigner in that part of Seoul. Children ran after me, calling me "long-nose" (*kokeun saram*), and elderly ladies stealthily touched my blond hair to see whether it was "real."

My living space was a tiny hot-floor (*ondol*) room, just large enough to put down a *boryo* (thick mattress) and a small table; the room's only window was a paper door leading onto a wooden veranda running along the back of the house. A dim neon light hung precariously from the paper-thin ceiling, where I occasionally heard the scratching of a wandering rat. There was no running water, and the toilet was a mere hole in the ground. At mealtimes I was served on a little table brought in with always the same fare: soup, rice, and kimchi with an occasional egg. Constant noise penetrated my room from the outside: loud discussions and quarrels from close neighbors, blaring loudspeaker announcements from the trucks of vegetable vendors, the squeaking voice of an occasional female peddler seeking to buy women's hair (*"meoriteol parayo"*), and the metallic sound of a *yeotjangsu ajeossi*'s clapper soliciting reusable trash such as newspapers, bottles, and cardboard, for which he compensated donors with a piece of sticky *yeot* (hard taffy). Sometimes my room was enveloped in a thick, white vapor spewed from a city sanitation truck that efficiently killed all the flies and insects in the house. Air pollution was modest, but, especially in the winter, the thousands of coal briquettes (*yeontan*) burnt for cooking and heating produced stinging smog. To me, the most offensive malodor came from the *meju* blocks (soybean malt used for making soy paste and sauce) tied to the roof beams outside my room and left to dry in the crisp autumn air. Truly,

I came to live in surroundings that quickly introduced me to the sounds and smells of Korea.

이방인으로 살아가기

가족 등 사람들과 소통하는 데 가장 큰 걸림돌은 역시 부족한 한국어 실력이었다. 나는 어느 정도 글을 읽을 줄은 알았지만, 말은 잘 못했다. 그래서 하숙집 아주머니와의 '대화'에서 내가 할 수 있는 것이라고는 얌전하게 웃는 것뿐이었다. 집중적 언어 훈련 없이는 아무 일도 제대로 할 수 없다는 사실이 명백해졌을 때, 운 좋게도 서울대 독문과의 대학원생 한 명이 나를 가르치겠다고 자원했다. 마땅한 교재가 없었으므로 우리는 단편소설을 읽기 시작했다. 나의 한국어 선생님은 유난히 인내심이 강했고, 나도 도서관에서 보내는 시간을 제외하고는 텍스트를 독해하고 짧은 문장을 쓰는 데 전념했지만 고통스러울 정도로 진도가 느렸다. 한국식 주거 생활에 적응하지 못한 것도 한국어 실력이 좀처럼 늘지 않은 이유 중 하나였다. 딱딱한 온돌바닥에 양반다리를 하고 앉아 있기는 몹시 불편했다. 게다가 온돌은 여름에는 꽤 시원했지만 겨울에는 허리가 시려서 따뜻한 방바닥에 누워야만 했는데, 공부에 도움이 되는 자세는 아니었다. 그럼에도 불구하고 나는 까막눈의 이방인 같다는 느낌에서 조금씩 벗어나기 시작했다.

한국에 도착한 지 2주가 지났을 때 규장각에서 연구를 시작했다. 하버드 박사학위 덕분에 나는 구구절절 본인을 소개할 필요가 없었고, 그때 규장각 관장이었던 최영희 교수는 나를 따뜻하게 맞아주었다. 새로 등장한 나로 인해 호기심이 발동한 일군의 대학원생과 삐거덕거리는 긴 테이블을 함께 썼는데, 며칠이 지나자 서먹서먹한 분위기는 사라지고 우리는 친구가 되었다. 이성무, 한영우, 이태진, 정석종 등 그 친구들은 모두 나중에 학문적 지위가 높아졌고, 오랜 기간에 걸쳐 나를 위해 유익한 조언과 소중한 자료를 아끼지 않았다. 최소한의 시설만 갖춘 열람실은 조명도 신통치 않았고, 겨울에는 춥고 여름에는 몹시 더웠다. 귀중한 책들을 보호하기 위한 온도조절 장치도 없었다. 나는 날마다 《일성록(日省錄)》(조선 후기 역사의 주요 전거) 원본을 맨손으로 만졌는데, 불과 몇 년 뒤 이 필사본은 국보로 지정되어 어느 누구도 더 이상 손댈 수 없게 되었다! 복사 기술도 전해져 있지 않아 나는 고문서를 일일이 손으로 베껴야 했다. 다행히 1968년에 하버드-옌칭 연구소가 일제 복사기 한 대를 기증했다. 그런데 이 기계를 작동하는 데는 손이 많이 갔다. 한편 우리의 일상을 중단시킨 잊지 못할 일은 유명한 중국인 유학자 치엔무[錢穆]의 규장각 방문이었다. 품이 넉넉한 회색 옷을 입고

커다란 안경을 코에 걸친 그는 산더미 같은 책들을 차례로 검토했는데, 도서관의 사서들은 그의 속도에 맞춰 책을 찾아서 대령하느라 진땀을 뺐다. 그는 과연 동아시아 유교사상에 대한 자신의 연구에 한국을 포함시키려고 자료를 확인하고 있었던 걸까?

서울대 교정에 서양 여성이 나타나자 자연히 관심이 쏠렸다. 얼마 후 호기심 많은 신문기자들이 나를 방문했는데, 그들은 "푸른 눈을 가진 금발의 학생"이 "신기하게도" 한국적인 것에 흥미를 보인다는 기사를 썼다. 그런 기자들 가운데 이화여대 영문과를 나온 이인자가 있었다. 동아일보사가 창간한 여성잡지의 수습기자였던 그녀와 반쯤 한국어, 반쯤 영어로 진행한 인터뷰는 서로를 알게 된 유쾌한 과정이었다. 이를 계기로 우리는 평생 우정을 쌓았다. 인자와 함께 나는 명륜동 바깥의 서울을 탐험하기 시작했다.

My lack of language competence, however, proved the greatest obstacle in my contacts with colleagues and family members. I did have some reading skills, but my inability to speak Korean reduced my "conversations" with my landlady to polite smiling. Clearly, I was not able to function properly without intensive language training. Luckily, a graduate student of German literature at SNU was willing to teach me. Since textbooks did not exist, we started reading short stories. Although my teacher was exceptionally patient, and although I devoted most of my time outside library hours to deciphering texts and writing short compositions, progress was painfully slow. My unaccustomed living arrangement at home further hampered progress. I was not used to sitting cross-legged on the hard *ondol* floor, which, though agreeably cool in the summer, in the winter gave off only enough heat to reach up to my waist so that I had to lie down to keep warm—a position not very conducive to studying. Nevertheless, gradually I began to feel less like an illiterate outsider!

Two weeks after my arrival in Korea, I started working in the Kyujanggak Library. With a Harvard PhD, I did not need much introduction, and the library director, the historian Choe Yeong-hui, welcomed me graciously. I shared a long, wobbly table with a group of graduate students who met me with much curiosity. After a few days, however, the newness of my presence wore off, and we became friends. Among them were Yi Seong-mu, Han Yeong-u, Yi Tae-jin, and Jeong Seok-jong, all of whom later advanced to high academic positions and over many years supported my scholarly endeavors generously with advice and material. The reading room was a bare, not very well-lit room, cold in the winter and very hot in the summer. There was no air-conditioning for the precious books. Daily I handled bare-handed the original *Ilseongnok* (a major source of late-Joseon history) that only a few years later was designated a national treasure no one was allowed to touch anymore! Xeroxing was still unknown; I had to take notes by hand. In 1968, however, Harvard-Yenching Institute donated a Japanese-made machine that needed much manual skill to operate. An unforgettable interruption of our daily routine was the visit of Ch'ien Mu, the famous Chinese scholar of Confucianism, to the library. Clad in a flowing grey robe, with big glasses on his nose, he examined pile after pile of books the library staff could hardly provide quickly enough. Was he checking some data he needed to include Korea in his studies of East Asian Confucian thought?

The presence of a Western woman on the SNU campus did not fail to attract attention. Soon I received visits from curious journalists who wrote newspaper pieces on the "blue-eyed student with yellow hair" who "strangely" was interested in things Korean. One of the journalists was Yi In-ja, a graduate of the English Department of Ewha Womans University and an apprentice reporter for the newly established women's magazine of the Dong-A Ilbo newspaper company. The interview, half in Korean, half in English, was an amusing get-to-know-each-other that led to a lifelong friendship. With In-ja I started to explore the sights of Seoul beyond Myeongnyun-dong.

그때 그 서울

1960년대 후반 서울은 최초의 건설 붐을 겪었다. 넓은 도로가 오래된 주택가들을 가로질렀지만 개인용 차량이라곤 소수의 지프와 택시, 드문드문 보이는 외제차가 전부여서 그 통행량은 많지 않았다. 그래서 보행자는 마음대로 차도를 건너다녔다. 예전의 전차는 매연을 내뿜는 버스로 대체되었다.

Changing Seoul

In the late 1960s, Seoul underwent its first building boom. Wide thoroughfares were cut across old quarters, although private traffic remained light with only a few jeeps and taxis and a rare foreign car on the streets and pedestrians still crossed the roads at will. The ancient streetcars were replaced by polluting buses.

시내 중심부의 전통가옥들은 허물어지고, 그 자리에는 높은 사무용 건물들이 새로 지어졌다. 하지만 화물은 여전히 사람이 직접 운반하거나 바퀴가 둘 달린 소달구지를 이용했다. 아스팔트 위에서 미끄러지지 말라고 소에게는 짚신을 신겼다. 도시는 한강의 북쪽 제방에서 끝났고, 강의 남쪽은 사방이 푸른 과수원과 누런 논 천지였다.

Many traditional houses in the city center were demolished to give way to the first high-rise office buildings. Goods, however, continued to be predominantly transported by manpower or by two-wheeled carts pulled by oxen fitted out with straw shoes to prevent their slipping on the asphalt. The city ended on the north bank of the Hangang River; south of the river green orchards and rice paddies extended as far as one could see.

1970년대 초반 서울을 다시 찾았을 때, 도시의 경관은 더욱 극적으로 변해 있었다. 고층건물들이 도심을 가득 메웠고, 이따금 한국 돈으로 햄버거를 사먹을 수 있었던 유일한 장소였던 반도 호텔은 사라졌으며 대신 호화로운 호텔들이 들어섰다. 도로 곳곳은 지하철 1호선(1974년 가을에 개통) 건설을 위해 파헤쳐졌다.

By the time I came back to Seoul in the first half of the 1970s, the cityscape had changed even more dramatically. Skyscrapers crowded the center, and the old Bando Hotel—the only place where once in a while I had been able to purchase a hamburger with local money—had disappeared, replaced by luxury hotels. Everywhere the streets were dug up for the construction of the first subway line (which opened in the fall of 1974).

전용 기사가 운전하는 한국산 자동차(자존심 강한 신사는 운전대를 잡지 않았으므로), 경적을 울리는 택시, 덜덜거리는 버스로 교통은 더욱 혼잡해졌지만, 통금이 있었으므로 거리는 여전히 자정이 되기 훨씬 전부터 텅 비었다. 가장 괄목할 만한 변화는 도시가 한강 남쪽으로 확대되어, 순식간에 새로운 시가지가 조성되었다는 사실이었다. 도시가 워낙 급속하게 변하는 탓에, 이후 서울로 돌아올 때마다 새로운 지도가 필요했다! 심지어 명륜동에 있던 하숙집도 그 동네의 꾸불꾸불한 골목길을 정비한 불도저의 희생물이 되고 말았다.

Traffic was heavier with chauffeured Korean-made cars (as no self-respecting gentleman would get behind the wheel), tooting taxis, and sputtering buses, but night curfew still emptied the streets well before midnight. Most spectacular, however, was the city's expansion south of the Hangang River, where a new urban area emerged in record time. The city's transformation was so rapid that every time I later came back to Seoul, I needed a new street map! Even my house in Myeongnyun-dong had fallen victim to the bulldozers that straightened out the winding alleys of my neighborhood.

서울 밖 여행

1960년대에 서울 밖으로 여행하기란 결코 쉽지 않았다. 기차는 표를 사기도 어려웠거니와, 자주 다니지도 않았던 까닭에 항상 만원이었다. 낡아빠진 버스는 승객들이 저마다 짐을 잔뜩 가지고 타는 바람에 언제나 미어터졌다. 포장된 도로도 별로 없었다. 한번은 한밤중에 칠흑같이 어두운 시골길을 달렸는데, 길을 밝혀주는 것이라고는 차의 전조등뿐이었다. 친척 집에 가는 길이 아니었다면, 밥 먹고 잠잘 데도 찾기 어려웠을 것이다.

Getting around in Korea

In the 1960s it was not easy to travel outside Seoul. It was difficult to get train tickets, the trains ran infrequently and were therefore always overcrowded, and the buses were old, rickety vehicles at all times crammed with passengers carrying enormous amounts of baggage. Few roads were paved. I remember trips at night when we drove through a completely dark countryside, only the headlights of the car showing us the way. If the destination was not the village of my relatives, it was difficult to find somewhere to eat and spend the night.

나의 첫 번째 농촌 여행은 저명한 민속학자이자 가면무 전문가인 서울대 이두현 교수와 함께였다. 사교적인 이 교수는 경기도 양주에 가서 향교 앞에서 공연하는 가면극인 양주산대놀이를 보자고 제안했다.

I made my first trip to the countryside with Yi Du-hyeon, the well-known folklorist and specialist of mask dance at SNU. A gregarious man, Professor Yi asked me to accompany him to Yangju (Gyeonggi-do) to view Yangju Sandae Nori, a mask dance drama performed in front of the local Confucian school.

푸른 하늘과 샛노란 은행나무가 어우러진 멋진 가을날이었다. 형형색색의 가면들이 잔디에 놓여 있었고, 잠시 뒤 산뜻한 복장을 한 춤꾼들이 나타나 가면을 썼다.

It was a splendid fall day—blue skies and blazingly yellow gingko trees. The colorful masks were laid out in the grass before the dancers, clad in crisp new costumes, put them on.

대사를 잘 알아듣지는 못했지만, 탈을 쓴 무용수들의 재미있고 신명나는 몸짓과 대단히 높은 음역의 반주는 나를 잊지 못할 한국 민속문화의 세계로 안내했다. 나는 기념품으로 술이 취해 불콰한 얼굴색의 '취바리' 가면을 샀다. 양주 가면 제작의 장인 김성대의 작품이었다.

Although I was unfamiliar with the libretto, the amusing and spirited movements of the masked dancers accompanied by high-pitched music were an unforgettable introduction to Korean folk culture. For a souvenir I bought the purple-red mask of the "drunkard" (*chwibari*), created by the local master craftsman of Yangju masks, Kim Seong-dae.

하버드에 있을 때 요행히 서강대 사학과 교수 두 명을 알게 되었는데, 이분들은 내가 한국에 머무는 동안 가끔씩 서울을 벗어나는 답사 여행에 나를 초대했다. 그 덕분에 이기백 교수와 이광린 교수의 전문적인 안내를 받으며 중요한 사적지 곳곳을 방문하는 특권을 누렸다. 몇 번은 서울대 지리학과 김도정 교수가 인솔하는 지리학 답사에 동행하기도 했다. 전국 각지를 누비고 심지어 외딴 섬까지 찾아가는 이런 모험들은 기억할 만한 추억들을 남겼다.

Luckily, earlier at Harvard I had become acquainted with two history professors of Sogang University who during my time in Korea occasionally invited me to take part in their study excursions outside Seoul. Thus, I was privileged to visit many important historical sites under the expert guidance of Professors Yi Ki-baek and Yi Kwang-nin. A number of times I also accompanied geography expeditions led by Professor Kim Do-jeong, geographer at SNU. Indeed, these adventures around the country and even to out-of-the-way islands yielded some memorable images.

인연

한국인의 생활과 심성이 가장 친밀하게 다가온 것은 경상북도에 있는 시댁 식구들의 집을 여러 차례에 걸쳐 장기간 방문했을 때였다. 그곳에서 상류층 집안이 영위했던 전통적인 생활을 뒤늦게나마 목격할 수 있었다. 가족의 일원으로서 나는 일상적인 활동에 자유롭게 참여했고 연중 의례도 구경했다. 이런 관찰에 자극을 받아 나는 평생 유교식 가례에 관심을 갖게 되었다. 또한 새로 장만한 카메라로 내가 원하는 만큼 실컷 사진을 찍을 수 있었는데, 동네 사람들은 사진 촬영을 매우 신기해했으며 때로는 불안해하기도 했다. 이런 식으로 마을의 생활을 기록하면서 이웃과 시골 구석구석을 마음 내키는 대로 돌아다녔다. 농촌의 달력에서 가장 빛나는 순간은 가까이 혹은 멀리 사는 친척들이 모여 조상들에게 제사를 지내고 우애를 다지는 명절인 추석과 설날이었다. 긴밀한 인간적 유대가 형성되는 이런 만남은 내 기억 속에 영원히 지울 수 없는 따뜻한 감정으로 남아 있다. 나를 자신들의 세계에 기꺼이 받아들여준 시댁 식구들에게 감사한다. 이 경험은 나의 삶을 풍요롭게 해주었고, 《추억의 기록》에 수록하기 위해 가려 뽑은 수많은 사진을 탄생시켰다.

My in-laws

The most intimate feel for Korean life and mentalities, however, I gained through many prolonged visits to the country seat of my in-laws in Gyeongsangbuk-do. There I was able to witness, at a late stage, traditional life as it once was lived by an upper-class family. As a member of the family, I was free to participate in everyday activities as well as to observe the annual rites. These observations stimulated my life-long interest in Confucian domestic rituals. I was also allowed to take as many pictures as I wanted with my new camera, which attracted much curiosity and, at times, even aroused apprehension. I thus documented village life and roamed freely through the neighborhood and the countryside. Highlights in the rural calendar were, of course, the festivities at Chuseok (Autumn Moon Festival) and Seollal (Lunar New Year) when relatives from near and far gathered to pay tribute to their ancestors and celebrate kinship. These were meetings of intense human bonding, which left indelible warm feelings in my memory. I owe thanks to my in-law family for giving me access to their world—an experience that has enriched my life and generated a great number of the photographs I have selected for *Pictorial Memoir.*

시골 풍경

The Village and Its Environs

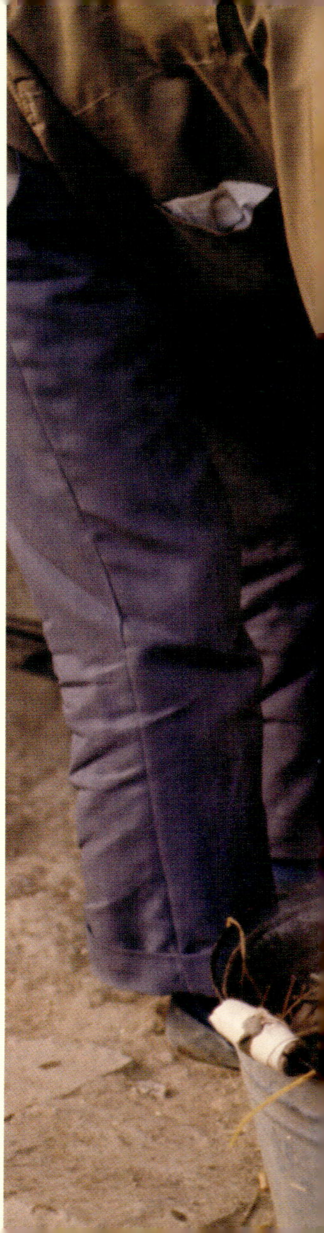

나는 경상북도의 작은 마을에서 현지 조사를 했는데, 영천과 안동 사이에 위치한 벽지였던 그곳에는 50여 가구가 살고 있었다. 1969년 봄 그곳에 처음 도착했을 때, 비록 논밭이 집약농의 형태였지만 포장도로나 전기 같은 근대적인 편의 시설이 전혀 없는 순수한 풍경에 매료되었다. 마을은 언덕배기에 조성되어 있었고, 평지에는 농토가 조성되어 있었다. 언덕과 산에는 나무가 없었다.

I did fieldwork in a small village of some fifty households in a remote area between Yeongcheon and Andong (Gyeongsangbuk-do). When I first arrived there in the spring of 1969, I was fascinated by a pristine landscape that, although densely cultivated, was still untouched by modern amenities such as paved roads or electricity. The village was nestled against a hillside, leaving the plain to agriculture. The hills and mountains were treeless.

큰길가에 있는 집들은 대부분 초가집이었고 몇 채만이 기와집이었다. 1960년대 말 마을을 방문할 때마다 나는 초를 한 묶음씩 가지고 갔다. 우리는 촛불을 켜놓고 수다를 떨거나 화투를 치면서 저녁 시간을 보냈고, 일찌감치 잠자리에 들었다.

Most of the houses along the main road had traditional straw roofs; only a few were tiled. In the late 1960s, whenever I visited the village, I brought a bunch of candles. We passed the evenings by candlelight, telling stories and playing cards, and we went to sleep early.

1974년이 되자 마을에 전력망이 연결되어 전기가 공급되었다. 전기가 들어오자 농촌 생활이 크게 변했다. 정말이지 냉장고는 반갑기 그지없는 혁신적인 제품이었다. 비록 나는 전에 비해 소화불량으로 고생하는 경우가 많아졌지만. TV는 마을사람들이 꿈도 꾸지 못했던 바깥 세상의 현란한 볼거리로 저녁의 일상을 뒤흔들어놓았다. 더욱이 음향 시설이 새로 설치되자 정부가 임명한 이장은 시끄러운 스피커를 통해 지시 사항을 전달하고, 새벽 5시에 애국가를 틀어 마을사람들에게 일어나서 일을 시작하라고 독려했다.

By 1974, the village had been connected to the electric grid. The introduction of electricity had a profound impact on rural life. True, the refrigerator was a welcome innovation (although my stomach got upset more often than before). TV, however, disrupted our evening routine with its gaudy shows of an outside world the villagers could not even dream of. A newly installed loudspeaker system, moreover, empowered the government-appointed village head to blast his directives and call the villagers to work at five o'clock in the morning with the national anthem.

벼농사는 마을사람들의 가장 중요한 일거리였다. 봄에 모내기를 할 때면 여성들까지 동원되었다.

Rice growing was the most important occupation of the villagers. In the spring, when the rice seedlings had to be transplanted, even women were recruited,

물론 가을에 익은 벼를 베어 단으로 묶는 일은 순전히 남성들의 몫이었다.

though the cutting and bundling of the ripe rice stalks in the autumn were purely men's work.

마을에는 방앗간도 있었다.

The village had its own rice mill.

여성들은 디딜방아로 곡물을 빻곤 했다. 여성 두 명이 갈라진 방아의 끝부분에 서서 천장에 고정된 새끼줄을 잡고 균형을 유지하며 나무로 만든 무거운 공이를 위아래로 움직였다. 그러면 공이의 뾰족한 끝부분이 땅에 묻힌 절구통 속의 곡물을 찧었다. 내가 공이를 불과 몇 센티미터도 움직이지 못하고 쩔쩔매자 여성들은 깔깔대며 즐거워했다.

Women used to pound cereals on a treadmill (*didilbanga*): two women, standing on its forked end and steadying themselves by holding on to a rope fixed on the ceiling, moved a heavy tree trunk up and down so that its sharpened point hit the cereals in an earthen pit. To the amusement of the women, I was unable to move the trunk even a few centimeters!

날마다 볏짚을 베어 소에게 줄 여물을 끓였는데, 소는 닭을 제외하곤 농가의 유일한 가축이었다.

Rice straw was cut daily and boiled for the oxen, the only farm animal besides a few chickens.

여성들이 텃밭에서 기른 채소는 날마다 식탁에 오르거나 시장에 내다 팔았다. 여성들은 누에도 쳤다.

Women also tended vegetable gardens for daily consumption and for the market and raised silkworms.

가을에는 동절기를 대비해 빨간 고추와 갖가지 채소들을 햇볕에 말렸다.

In the fall, red peppers and other vegetables were dried in the sun for the winter.

가내경제는 물물교환에 크게 의존했다. 가끔씩 여성 상인이 마을을 방문하여 해조류를 쌀과 맞바꾸어 갔고, 우리 마을의 구멍가게에서는 낱알로 파는 성냥이나 편지지, 동네에서 빚은 막걸리 같은 것들을 팔았다.

The domestic economy depended largely on barter. Occasionally a saleswoman who bartered seaweed for rice came into the village, while the tiny store in our village sold such items as matches (per piece), writing paper, and locally brewed makgeolli.

이웃에 있는 좀 더 큰 마을인 삼창에 서는 5일장에서는 옷과 생선을 비롯, 훨씬 다양한 물품을 팔았다.

More abundant were the goods sold on the five-day market in the nearby larger village of Samchang—clothes and fish.

할아버지들은 재미삼아 장에 오시는 것 같았다.

The old gentleman had seemingly come to the market for entertainment.

어느 날 우리는 새벽 같이 일어나 말린 산나물을 파는 먼 시장까지 걸어갔다. 시누이들이 가격을 흥정하는 동안 나는 오랫동안 기억에 남을 소중한 사진을 여유롭게 찍었다.

One day, we got up at dawn to walk to a distant market that specialized in dried mountain vegetables. While my sisters-in-law haggled over the price, I was free to take what I consider my most memorable picture.

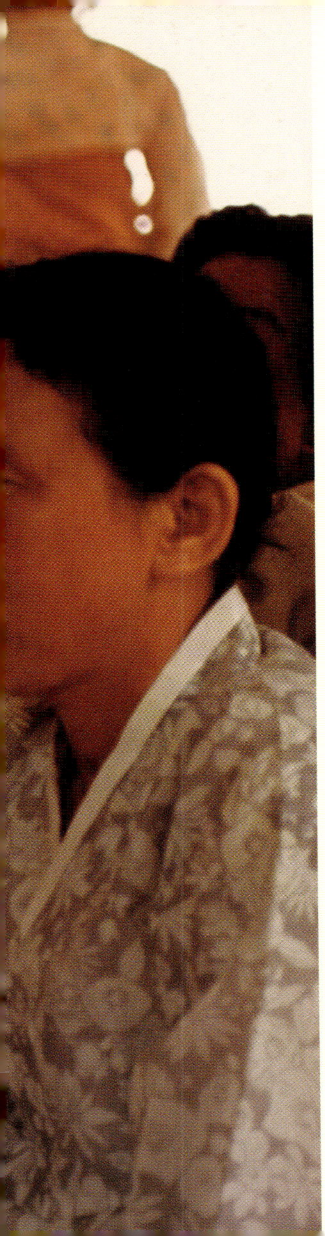

마을의 여성들

Women's Activities

마을의 여성들은 동틀 때부터 저녁 때까지 온종일 바빴다. 식사는 끼니마다 사실상 새로 준비했기 때문에 요리에는 시간이 많이 걸렸다. 부엌살림은 단촐했다. 가장 중요한 조리 도구는 밥을 짓는 가마솥이었다.

Village women were always busy, from dawn to dusk. Cooking took a lot of time, as every meal had practically to be prepared anew. The kitchens were simple; the most imposing piece of equipment was the iron caldron (gamasot) in which rice was cooked for the day.

좀 더 작은 도구들이 반찬을 만드는 데 사용되었다.

Smaller utensils were used for preparing side dishes.

'간편한' 점심을 위해 우리 안주인은 국수를 반죽부터 만들어서 차려냈다. 음식이 다 되기를 기다리는 시간이 혹여 지루할까 걱정할 필요는 없었다. 가족과 이웃에 대한 이야기로 잡담을 하다 보면 시간이 후딱 지나갔다.

For a "quick" lunch our hostess prepared noodles from scratch. Never mind the time passed waiting for the meal; it was well spent in exchanging gossip about family and neighbors.

Preparations of the special food for festive occasions were intensive. All hands were then needed.

잔치 음식을 준비할 때는 일손이 많이 들었다.
이때는 모두 함께 일했다.

식사 준비 외에, 근처 개울에서 종종 여럿이 함께 하는 빨래도 힘든 집안 일이었다.

Besides meal preparations, washing clothes was an arduous chore, done in nearby watercourses, and often in company.

할머니들은 자리에 앉아 막걸리를 한잔 하며 담배를 피울 여유를 누릴 수 있었다.

Elders could afford to sit down to a bowl of makgeolli and a cigarette.

여성의 삶은 고생스러운 일의 연속이었지만, 가끔 근처 강으로 나들이를 가는 것은 남녀노소를 불문하고 모든 마을사람에게 기쁨과 휴식을 안겨주었다.

A womanly life was filled with work and hardships, but occasional outings to the nearby river offered joy and relaxation for all villagers, male and female, young and old.

마을을 구석구석 돌아다니면서, 나는 마을여성들의 부수입원이 되는 다양한 종류의 가내 수공예를 알게 되었다. 이웃집 여자는 컴컴한 헛간에 앉아 낡아빠진 베틀을 돌려 삼베를 짰다.

On my walks through our village I discovered a variety of domestic skills with which village women earned an extra income. Sitting in a dark shed, a neighborhood woman was weaving hemp cloth on a rather rickety-looking loom.

그녀의 생산품은 전통적으로 상복을 만드는데 사용되던 삼베였다. 농촌 지방에선 여전히 옛날식으로 장례를 치르고 있던 1970년대에는 삼베가 시장에서 제법 비싼 값에 팔렸다. 하지만 불과 몇 년 뒤 정부가 가정의례의 간소화를 지시하자, 삼베 수요가 감소하기 시작하면서 이 수공업도 사양길에 접어들었다.

Her product was the kind of fabric traditionally used for making mourning clothes. In the 1970s, when old-style funerals were still the norm in rural areas, this fabric fetched a good price on the market. Only a few years later, when government directives ordered frugality in the conduct of domestic rites, the demand for hemp cloth began to decline and with it its craft.

가까운 곳에 삼실 잣기로 유명한
'할머니' 한 분이 살고 계셨다.

Close by lived a "grandmother" who was famous for producing fine hemp thread.

할머니는 나무틀에서 뽑은 거친 삼실에 침을 묻힌 다음 맨 무릎에 올려놓고 각 올들의 끝을 손으로 비벼 연결했고, 이렇게 해서 길게 꼬인 실을 광주리에 담았다.

She plucked raw fibers from a wooden frame, moistened them with her saliva, rolled them over her naked knee to join the ends, and finally dropped the long thread into a basket.

이런 '방적' 과정은 시간이 많이 걸릴 뿐 아니라 고통스럽기도 했는데, 이 할머니의 무릎은 군데군데 살갗이 찢어진 상태였다.

This "spinning" process was not only time-consuming but also painful, leaving the skin of the grandmother's knee lacerated.

할머니네서 몇 집 더 건너 살고 있던 젊은 여성은 홀치기(일본어로는 시보리) 염색을 위해 천의 일부를 다양한 패턴으로 묶는 작업을 했다.

Just a few houses further on, a young woman was tying sections of fine cloth in varied patterns for tie-dyeing, sibori (Kor. holchigi).

염색을 직접 하지는 않았고, 자신이 홀친 천을 최종적인 염색 공정이 이루어지는 일본으로 보냈다. 그녀는 자신의 노동 집약적 작품이 기모노에 두르는 넓은 허리띠(오비)를 만드는 데 사용된다고 알려주었다.

She did not do the dyeing herself, but sent her production to Japan for the final dyeing process. She told me that her labor-intensive work was used to create part of the broad sash (obi) worn with the Japanese kimono.

농촌 여성은 소규모 가내 수공예를 통해 부수입을 올릴 수 있었지만, 그것으로 결혼식이나 가족의 잔치에 필요한 비용을 대기는 어려웠다. 특별한 경우를 대비해 목돈을 장만하기에 좀 더 유리한 방법은 계를 드는 것이었다. 나는 여자 친척들의 계모임에 자주 초대받았다.

Although rural women could earn some extra money through small-scale domestic crafts, it was rarely enough for financing weddings or family feasts. A more profitable way to generate larger funds for special occasions was the mutual assistance scheme (gye). I was frequently invited to join gye gatherings of kinswomen.

이 모임의 주된 목적은 급전이 필요한 계원들에게 이자를 받고 빌려줄 곗돈을 걷는 것이었지만, 이런 회합은 가족들의 근황을 접하고 개인적 고민을 서로 털어놓고 들어주며 편안한 분위기 속에서 먹고 마시기에 더없이 좋은 기회를 제공했다.

Though the main purpose of these gatherings was to collect individual contributions to be paid into a general fund that was lent at interest to gye members facing exceptional expenses, these get-togethers provided welcome opportunities to catch up with the latest family tales, get sympathy for personal troubles, and eat and drink in a relaxed atmosphere.

모임이 끝나면 종종 인근 사찰로 나들이를 갔다. 불국사 다보탑을 시계 반대 방향으로 도는 것은 정신을 맑게 해주었을 뿐 아니라 친척끼리 모여 즐기는 날에 잘 어울리는 마무리였다.

Outings to nearby Buddhist temples often followed. Circling the Dabotap Pagoda of Bulguksa Temple counterclockwise sobered up the mind and was a fitting conclusion to a day of celebrating kinship.

안택고사

Pacification of the Household (antaek, 安宅)

날은 어둑해지는데 집은 섬뜩하리만치 고요하다. 남자들은 온데간데없다. 왠지 불길한 예감이 감돌고, 나는 카메라를 꺼낸다. 의례의 주기를 늘 결정하는 음력으로 오늘은 11월 15일(양력 1974년 12월 28일)이고 지금은 저녁이다. 이날은 집안의 신들을 모셔서 악귀를 물리치고 변함없는 안녕을 기원하기에 좋은 길일이다.

The house is eerily silent as night is falling. The menfolk have vanished. There is a sense of foreboding in the air, and I get my camera out. I realize that according to the lunar calendar, which still determines the rhythm of the ritual calendar, it is the evening of the fifteenth day of the eleventh lunar month (December 28, 1974)—an auspicious date for honoring the gods of the household, expelling malevolent spirits, and praying for continued prosperity.

가정의 평안을 비는 일[安宅]은 주부의 손에 달려 있다. 그녀는 인근 승방에서 이 고사의 전문가(봉사할매)로 통하는 연로한 여성을 불러온다. 이 여성은 비구니도 아니고 무당도 아니지만, 나무 북채로 작은 북을 치면서 축문을 암송하는 일에 능하다. 그녀는 사진을 찍는 것을 달가워하지 않지만, 내가 직접 그녀의 북을 들어주자 결국 마음이 누그러진다. 이웃집 노파가 그녀의 조수 역할을 한다.

The purification of the household (antaek) lies in the hands of the mistress of the house. She calls in an expert to guide the ritual (bongsa halmae), an elderly woman from a nearby Buddhist nunnery. She is not a nun or a shaman, but she is known for her skills in reciting incantations by heart and accompanying herself on a small drum (buk), which she beats with a wooden stick. She does not like me taking pictures, but eventually relents when I volunteer to carry her drum. She is assisted by a senior woman from our neighborhood.

의식은 부엌에서 시작된다. 봉사할매는 부뚜막 앞에 앉아 밥솥에 숟가락 다섯 개를 꽂는데, 밥솥 옆에는 나물과 떡, 견과류, 과일이 차려진다.

The ceremony starts in the kitchen. The halmae takes a seat in front of the stove and puts five spoons in a pan of cooked rice, surrounded by dishes with cooked vegetables, rice cakes (tteok), nuts, and fruit.

부엌을 관장하는 조왕신을 영접하기 위해 막걸리 몇 사발도 준비된다.

Bowls of coarse rice wine (makgeolli) are set out to welcome the kitchen spirits.

조수는 신의 보살핌을 기원하며 식구 수대로 소지(燒紙)를 태우고, 할매는 축문을 외우며 북을 친다.

The assistant burns votive paper rolls (soji), one for each household member, soliciting the spirits' good-will, while the halmae murmurs prayers and beats the drum.

고사는 마루방으로 옮겨가는데, 마루방은 집안의 가장 강력한 신으로 대들보에 거하는 성주의 영역이다. 작은 상에 약간의 제물이 놓여 있다. 성주가 나타나도록 달래기 위해서는 특별한 의식이 필요하다. 조수는 바닥에 넙죽 엎드려 대나무 가지를 생쌀 통(말)에 찔러 넣는다.

The ceremony then moves to the wooden-floored room, the realm of the house's most powerful god, the House Lord (Seongju), who resides in the main roof beam. A small table holds some offerings. Coaxing his appearance requires a special rite. The assistant, crouching on the floor, sticks a bamboo branch into a tub (mal) of uncooked rice.

할매의 주문이 절정으로 치달으면서 그녀의 목소리도 높아진다. 주부는 손바닥을 비비며 정성을 다해 소원을 빈다. 갑자기 대나무 가지가 격하게 흔들리기 시작하더니 바스락거리는 소리가 난다. 성주가 강신하고, 주부는 큰 절로 그를 맞이한다. 모두를 흥분시키는 순간이다.

The halmae's voice rises as her incantations intensify. The housewife rubs her palms in emotional plea. All of a sudden the bamboo branch starts shaking violently, producing a rustling noise. The House Lord descends, and the housewife greets him with a deep bow. It is an electrifying moment.

다음으로 우리는 집안에서 가장 사적인 공간인 안채로 이동한다. 이곳에서 아내는 자식들을 낳아 남편의 가계를 잇는다. 안채는 아내가 임신에서 출산, 초기 육아에 이르기까지 여성으로서 자신의 인생에서 가장 중요한 단계를 경험하는 곳이다. 삼신할머니는 이런 출산과 육아에 관련된 일들을 관장하므로 풍성한 대접을 받는다. 밥과 국 세 그릇, 삼색 나물, 막걸리 세 잔, 떡 세 접시와 함께 구운 생선, 과일, 정화수가 상에 오른다. 촛불을 켜놓고 향이 피어오르는 가운데 할매는 신의 가호를 빌면서 북을 친다.

Next we move to the women's room (anchae), the innermost space in the house. It is here that a wife as the procreator of her husband's family line experiences the most consequential stages of her life as a woman, from conception to giving birth and early child rearing. The Birth Grandmother (Samsin Halmeoni), the threefold goddess of the inner room, oversees these events and is therefore honored with a rich feast: three sets of cooked rice and soup, cooked vegetables, rice wine, and rice cakes, along with grilled fish, fruit, and bowls of clear water. A candle is lit and incense burnt, while the halmae chants invocations and beats her drum.

고사의 마지막 부분은 집에서 가장 큰 방으로, 남자들의 공간인 사랑채에서 치러진다. 이 의식은 터줏대감에게 바쳐지는 것이다.

The last part of the ceremony is performed in the largest room of the house, used as the men's quarters (sarangchae). It is dedicated to the House Site Official (Teoju Daegam).

푸짐한 제물은 그가 이 집의 안녕에 중요한 존재임을 말해준다. 할매는 지치지도 않고 주문을 외우며 북을 두드린다. 아이들은 이런 소동이 벌어지는 와중에도 잘 잔다.

The lavish offerings indicate his importance for the house's safety. The halmae tirelessly chants and beats the drum. The children sleep through all the commotion.

마지막으로, 밤이 깊어지면 조수가 밖으로 달려 나가 여전히 흔들리고 있는 대나무 가지를 들고 집을 한 바퀴 돈다.

At the end, in the depth of night, the assistant runs outside and surrounds the house with the still-shaking bamboo branch.

그녀는 성주의 권위에 기대어 집 주위를 얼씬거리고 있는 유해한 잡신들을 쫓아내고 있는 것일까? 할매는 곳간으로 가서 계속 주문을 외우고, 그런 다음 과수밭으로 이동한다. 날은 몹시 춥다. 장갑을 낀 탓에 할매의 북소리는 약해진다. 내 눈에는 기이하게만 보이는 행위들이 계속된다. 주부는 자리를 뜨고, 할매는 이제 사진 촬영을 불허한다.

Is she chasing away harmful minor spirits lingering around the house with the authority of the House Lord? The halmae continues her incantations in the storehouse and afterwards moves to the orchard. It is bitterly cold, and the sound of her drum is muffled by her gloves. To my eyes, bizarre actions follow. The housewife is no longer present, and the halmae forbids any further pictures.

할매와 조수는 잡귀들을 물리치는 여러 가지 신비로운 의식을 거행하는데, 그 중 하나는 그들을 마당에서 바깥으로 내쫓기 위해 대문을 향해 긴 칼을 던지는 것이다. 나는 놀라움을 금치 못하고 지켜보기만 한다. 그때도 그 후에도 할매나 주부는 이에 대해 아무런 설명이 없다.

She and her assistant move against the lesser spirits and, among other mysterious rites, she throws a long knife in the direction of the main gate to expel them from the yard and into the adjacent fields. I watch with wonder and later get no explanations, neither from the halmae nor from the housewife.

고사로 기진맥진하고 추위로 얼어붙은 우리는 집으로 돌아와 상에 오른 음식을 뒤늦게 나누어 먹고 따뜻한 바닥에 앉아 있다가 그대로 잠이 든다. 수탉의 울음소리가 우리를 새벽에 깨운다. 남자들은 정오가 지나서야 집에 돌아온다.

Exhausted by the activities and stiff from the cold, we return to the house to eat a late meal of the offerings and then fall asleep wherever we are sitting on the warm heated floor. The first cries of the rooster awaken us to a dawning day. It is noon before the men return home.

양반 가옥, 서원, 향교, 절

Aristocratic Residences, Confucian Schools, and Buddhist Temples

나는 역사가로서 지방의 양반 가옥을 살펴보고 싶었다. 그곳에는 어느 상류층 인사가 살았을 테고, 그는 외딴 농촌에 살면서 관직에 등용되는 경우에만 가끔씩 수도로 떠났을 것이다. 그런 삶이 그에게 어떤 의미를 지녔을지 알고 싶었다. 조선왕조의 귀족 엘리트층 대부분이 행정적 · 상업적 중심지에서 멀리 떨어진 농장에 거주했다는 사실은 놀랍다. 그들은 조상 대대로 일궈온 그 사유지를 통해 후손들을 부양하는 삶을 지속할 수 있었다.

As a historian, I was eager to visit aristocratic residences and get a feeling of what it must have meant to a nobleman to live in the deep countryside, making only occasional trips to the capital if summoned to office. Indeed, it is a remarkable fact that the majority of the Joseon aristocratic elite resided far away from administrative or trading centers on landed estates that had been developed by ancestral efforts and continued to sustain the livelihood of many generations of descendants.

1969년, 나는 경상북도의 전형적인 양반마을을 둘러보는 특권을 누렸다. 이 마을은 지배적인 성씨의 종손이 대대로 사는 기와집 주위에 조성된 오래된 집성촌(동성부락)이다. 용의 형상을 한 표석이 '용'이라는 한자가 이름에 들어간 마을을 가리키고 있다.

In 1969 I had the privilege to study a typical aristocratic village in Gyeongsangbuk-do. It is an old settlement that clusters around the tiled residence of the main-line descendant of the dominant surname (dongseong burak). A stone marker in the form of a dragon points to the village, which has the Chinese character "dragon" in its name.

'솟을대문'이 웅장한 종택의 입구를 표시해준다. 옛날에는 과거 급제자들만이 그런 인상적인 구조물로 자신들의 높은 신분을 과시할 수 있었다. 대문을 지나 넓은 마당에 들어서면 몇 개의 디딤돌을 밟고 올라갈 수 있는 높은 기단 위에 지어진 사랑채가 한눈에 들어온다. 거기서 집주인은 방문객들을 환영하면서 찬찬히 살폈다.

A "soaring tiled gate" (soseuldaemun) marks the entrance to the stately home of the main-line heir; of old, only graduates of the civil service government examinations were entitled to show off their high status with such an imposing structure. The gate leads into a large courtyard dominated by the men's quarters (sarangchae), built on a raised platform accessible over a few steep stone steps. Visitors were thus first welcomed—and scrutinized—by the master of the house.

아주 가까운 친척들을 제외하고는 남성은 여자들의 공간인 안채로 들어갈 수 없었으며, 안채는 작은 중문으로 사랑채와 분리되어 있었다.

No man (except a close kinsman) was allowed to proceed to the women's quarters (anchae), which are separated from the men's world by a small inner door.

여성들은 격리된 생활에 익숙했고, 이따금 찾아오는 여성 방문객들 덕분에 기분을 전환했다.

Women used to live withdrawn lives, occasionally brightened up by female visitors.

좁은 길을 통해 사당을 지나면 유명한 조상을 기리기 위해 세워진 멋진 정자가 나온다. 정자는 사각형의 연꽃 연못을 굽어보고 있고 연못의 중앙에는 둥근 인공 섬이 있는데, 이는 우주의 기운인 음양의 상상적 융합을 의미한다.

A narrow path past the ancestral shrine leads to a magnificent pavilion, which was built to honor a famous ancestor; it overlooks a square-shaped lotus pond with a round artificial island in its middle—an imaginary blending of the cosmic forces of yin and yang.

여기에서 집주인과 손님들은 시를 읊조리고 술을 마시면서 함께 자연을 즐기고 우정을 나누었다.

Here, the master of the house and his guests used to enjoy nature and spend days of companionship, reciting poetry and drinking wine.

1983년 9월, 나를 포함한 우리 역사가 일행이 남부지방의 어느 마을에서 받은 대접은 아주 특별한 기억으로 남아 있다. 예로부터 후한 대접은 방문자들에 대한 존중의 표현이자 부와 신분의 과시였는데, 이 사실은 오늘날에도 변함이 없다. 마을 전체가 우리의 도착을 기다린 듯 남자들이 마을 입구에 줄지어 서 있었고, 여자들은 한껏 차려입고 마을 안에서 우리를 기다리고 있었다.

Hospitality was, and still is, an expression of respect toward visitors as much as a display of wealth and status. Memorable is the reception we (a group of historians) received in a village in the southern countryside in September 1983. The entire village expected our arrival, with the menfolk lined up at the village entrance and the women, dressed in their best, awaiting us inside.

그들은 우리를 위해 맛있는 전통 음식이 가득한 잔칫상과 넉넉한 양의 술을 준비해두었다. 한편 여성들은 집안일을 돌보는 가사솜씨가 아니라 고결한 행동 덕분에 간혹 사후에 열부로 추앙받기도 했다.

They had prepared for us a festive table laden with traditional delicacies and plenty to drink. Women were not remembered for their domestic skills, but occasionally, after death, for their virtuous conduct (yeolbu).

남자들은 집 밖 서원과 향교에 모여 철학적 논제들을 토론하고 유교의 성현들을 기리곤 했다. 사설 교육기관인 서원은 번잡한 세상에서 떨어진 격리된 장소에 세워졌다. 내가 좋아하는 서원들 중 하나는 우거진 수풀 사이에 터를 잡고 높은 담장이 쳐진 옥산서원이다.

Outside the house, men used to gather in academies and schools for debating philosophical issues and honoring the Confucian worthies. Private academies (seowon) were built in secluded places, away from the buzzing world. One of my favorites is Oksan Seowon, surrounded by a high wall amongst lush vegetation.

이 서원에서는 유생들이 대를 물려가며 탁월한 학식과 지적 지도력으로 존경받았던 저명한 유학자 이언적의 사상을 배웠다. (10/1974)

In its lecture hall generations of disciples were instructed in the thought of the eminent Confucian, Yi Eon-jeok, who was revered for his outstanding Confucian scholarship and intellectual leadership. (Oct. 1974)

서원은 학문의 도량일 뿐 아니라 예배의 장이기도 했다. 2001년 나는 도산서원에서 열린 퇴계 탄신 500주년 기념식에 초대를 받았다. 친족들과 후학들이 강당 앞 마당에 모였고, 한 사람씩 계단을 밟고 올라가 퇴계의 신위를 모신 사당인 상덕사에 예를 표했다. 여성인 내가 제례에 참여할 수 없는 것은 물론이고 문이 열린 사당의 내부를 구경할 수도 없다는 사실을 알고 있었지만, 나는 사당 안을 훔쳐보기라도 해야겠다고 마음먹었다.

Private academies were institutions of learning as well as sites of worship. In 2001 I was invited to Dosan Seowon to attend the celebration of the five hundredth anniversary of Toegye Yi Hwang's birth. Kinsmen and followers gathered in the courtyard in front of the Lecture Hall and one by one ascended the few steps to the opened spirit shrine, Sangdeoksa Shrine, to pay reverence to the sage. Though I knew that as a woman I was not allowed to take part in the ceremony proper, let alone to view the open shrine, I nevertheless was intent on getting at least a glimpse of it.

향사례가 끝났을 때, 나는 슬그머니 계단을 올라가 나를 내쫓아버리려는 문지기에게 평생 퇴계의 사상을 공부해 온 후학으로서 선생께 예를 표하고 싶다고 간곡하게 호소했다. 이윽고 마음이 누그러진 그는 뒤돌아섰고, 사당 내부를 재빨리 촬영하는 것까지 눈감아주었다.

At the end of the celebration, I sneaked up and pleaded with the guard, who wanted to send me away, that I was a life-long student of Toegye's thought and would like to offer my respects. At last he relented, turned his back, and even let me take a quick picture of the shrine's interior.

봄과 가을의 정해진 날에, 유림은 향교에 모여 공자와 그 제자들의 유덕을 기렸다. 정교한 의례가 대성전에서 치러졌는데, 대성전은 공자와 그 제자들, 그리고 '현인'으로 공인된 한국인 유학자 열여덟 명의 위패가 모셔져 있는 향교의 중심 건물이다. 이와 같은 의식은 오늘날에도 일부 지역의 향교에서 거행되고 있다.

On fixed days in the spring and autumn, the Confucian communities used to gather in local schools (hyanggyo) to commemorate Confucius and his disciples. Elaborate rites were (and in many schools still are) performed in the Hall of Confucian Sages (Daeseongjeon), the centerpiece of each school, in which the spirit tablets of Confucius, of his disciples, and of the eighteen Korean Confucian scholars officially endorsed as "worthies" (hyeonin) are enshrined.

1974년 9월의 어느 맑은 날, 시흥향교에서 이 의례를 관찰할 기회가 왔다. 상당히 많은 유생들이 모여 조용히 서 있었고, 옛날 고위 문관의 예복을 차려 입은 제관 다섯 명이 대성전에서 제례를 봉행했다.

On a glorious September day in 1974 I had a chance to witness the rites in Siheung Hyanggyo. A large number of local Confucians had gathered and were standing in silence, while five officiants (jegwan) clad in the ceremonial attire of former high civil officials performed the rites in the Hall.

The rites follow the arrangement of the tablets: that of Confucius in the center against the northern wall of the Hall with those of his four closest disciples in front, those of the Korean worthies in rows of nine to Confucius' left and right, each provided with uncooked ritual food.

제례는 위패의 배열순에 따라 행해졌다. 공자의 위패는 대성전의 북쪽 벽을 등지고 중앙에, 4대 제자의 위패는 그 앞에, 한국 현인들의 위패는 공자의 좌우로 아홉 개씩 배치되어 있었다. 각 위패 앞에는 익히지 않은 제사 음식이 놓여 있었다.

제례가 끝날 즈음 나는 향교 안을 서성대다 축문을 태우는 장면을 목격하게 됐다. 잠시 뒤 문이 닫히고 잠겼다.

At the end of the rites, I lingered around the school and observed the burning of the ritual texts. Shortly later, the gates were closed and locked.

많은 여성들에게 인근 사찰은 숭배와 학습뿐 아니라 동료 신자들과의 친교를 하게 해주는 생기 넘치는 장소이다. 1978년 8월, 쌀이 든 작은 부대를 메고, 나는 시누이를 따라 집 뒷산 높이 위치한 작은 절로 떠났다. 독실한 신자인 시누이는 매달 1일과 15일에 절을 방문했다.

For many women, the Buddhist temple in the neighborhood is a lively site of worship, instruction, and socializing with fellow believers. In August 1978, carrying a small bag of rice on my back, I accompanied my sister-in-law on a pilgrimage to a small temple far up in the mountains behind our house. A devout believer, she used to visit the temple on the first and fifteenth day of each month.

제법 더운 늦여름이었는데, 우리는 절에 도착하자마자 종교적 열정과 여성적 동지애에 휩싸였다. 어떤 신자는 주변 분위기에 아랑곳하지 않고 염주를 돌리며 기도에 몰입했다.

It was a warm late-summer day, and as soon as we reached the temple, we were embraced by religious devotion and female camaraderie. A worshipper immersed in prayer, moving the beads of her rosary, was oblivious to her surroundings.

수행승 한 명이 법문을 들으라며 우리를 불렀다. 법문은 높은 연단에 정좌한 고승이 해주었다. 청중은 쥐 죽은 듯 조용히 앉아, 들릴까 말까 하는 낮은 목소리로 전해지는 설법에 귀를 기울였다. 스님의 말씀은 지성보다는 감성에 호소하는 것 같았다.

An assistant monk called us to a lecture, delivered by a venerable elderly monk seated on a raised platform. The audience listened to the sermon, spoken in a low, barely audible voice, in complete silence; the heart rather than the intellect seemed to be addressed.

한 시간이 넘는 설법이 끝난 뒤 스님이 연단에서 내려와 거처로 돌아가자 긴장이 풀렸고, 여성들은 둘러앉아 채식 식단의 점심을 함께 먹었다. 나는 산속에 자리 잡은 크고 유명한 사찰 여러 곳을 방문했지만, 바로 이 작은 절에서 소박하고 꾸밈없는 신심을 가장 확실하게 느낄 수 있었다.

When after more than an hour the lecturer climbed down and retired to his quarters, tension broke, and the women sat down to a communal meal of vegetarian fare. Though I had visited many of the large and famous temples in the mountains, it was here in this small place of worship that simple, unceremonious devotion was most palpable to me.

조상을 위하여

Confucian Ancestral Rites

전

제사는 양반가 생활의 핵심이다. 주요 차례는 설날과 음력 8월 15일인 추석에 지낸다. 조상 숭배는 사망한 가족과의 유대를 이어가고 싶은 인간의 깊은 욕구에서 비롯된다. 숭배의 목적은 망자들을 잘 봉양함으로써 그들이 평온을 찾고 후손에게 계속 호의를 베풀 마음을 갖도록 하는 것이다. 방치된 사자들은 위험한 귀신이 되어 살아 있는 자들에게 불행과 질병을 안겨주기 때문이다. 제사는 이승과 저승 사이의 조화를 주기적으로 회복하기 위한 것이다.

Ancestral rites (jesa) are central to the life of an aristocratic family. Major celebrations (charye) take place on Seollal (Lunar New Year's Day) and Chuseok (Autumn Moon Festival), observed on the fifteenth day of the eighth lunar month. Ancestor worship arises from a deep human need to remain in contact with deceased family members. It aims to support the dead in the afterlife so that they find peace and remain favorably disposed toward their descendants. Neglected dead tend to become dangerous spirits inflicting misfortune and ill health upon the living. The purpose of ancestral rites is to periodically revitalize harmony between the world of the living and the world of the dead.

제사는 고래로 절이나 신당(神堂)에서도 봉행되었지만, 엘리트층이 《주자가례》에 정해진 법도에 따라 조상을 숭배하기 시작한 것은 14세기 말 도입된 신유학을 통해서였다. 중국의 이 예서는 4대의 부계 조상을 위한 의례를 규정하고 친족 집단 내 직계 혈통을 잇는 장자, 즉 종손을 주제자(主祭者)로 자리매김한다. 그에게 주어진 일생의 임무는 일상생활에서 자신의 친족 집단과 그 조상들 사이의 유대를 강화하고 세시 의례를 주관하는 것이다. 이런 제례는 조상에게 경의를 표하는 기능뿐 아니라, 참례자인 후손들의 사회적 지위를 높이는 역할도 수행한다. 내가 고른 사진들은 1960년대 말에서 1970년대 초에 찍은 것으로, 당시 여전히 살아 숨쉬고 있던 엘리트 문화에 대한 내 소중한 기억의 단면들이다. 나는 우리 가족이 살던 경북의 한 마을에서 그 문화를 대면했다. 여자라는 이유로 의례에 참여할 수는 없었지만, 나는 관찰자로서 기꺼이 받아들여졌다.

Although ancestral rites have been performed in Buddhist temples and in shamanic shrines since ancient times, it was through the introduction of Neo-Confucianism at the end of the fourteenth century that the elite started to worship their ancestors according to the rules outlined in the Zhuzi jiali (Domestic Rites of Zhuzi). This Chinese ritual handbook prescribes rites for four generations of patrilineal antecedents and installs the eldest son of a kin group's main descent line, the primogeniture heir (jongson), as the chief officiant. His life-long task is to nurture his kin group's bond with its ancestors in everyday life as well as to preside over the seasonal rites. These celebrations honor the ancestors as much as they enhance the social status of the celebrants, their descendants. The pictures I have selected were taken in the late 1960s and early 1970s. They belong to my most treasured memories of the then still-vibrant elite culture I encountered in my village in Gyeongsangbuk-do. As a woman, I could not participate in the rites, but was welcome as an observer.

조상이 되는 과정

죽음의 순간은 흔히 집에서 가까운 친구들과 가족의 작별인사를 받으면서 다가오고, 죽는 자는 다음 세대 후손들의 존재로 위로를 받을 것이다. 집 안에서 복잡한 장례 의식을 통해 망자의 입관이 끝나고 나면, 그의 죽음을 애도하는 자들이 상여 뒤에 행렬을 이루어 무덤으로 향한다. 하얀 옷을 입고 이 행렬을 지휘하는 선소리꾼은 손에 쥔 작은 종을 흔들며 길을 튼다.

On the Way to Becoming an Ancestor

Death commonly occurs at home so that close friends and family have an opportunity to bid farewell and the dying may be comforted by the presence of next-generation descendants. After the extended domestic ceremonies that lead up to the coffining of the departed, the mourners form a cortege behind the funeral bier on the way to the grave. A ceremonial master, in white, clears the road by ringing a hand-bell.

여덟 명의 상여꾼이 영구대(靈柩臺) 위에 놓인 관을 운반한다. 상여는 악귀를 물리치기 위한 액막이 상징들로 장식되고 그 위에는 햇빛을 가리는 알록달록한 의례용 차양이 둘러진다. 상주인 아들들은 거친 삼베로 만든 전통 상복을 입은 채 상여를 바로 뒤쫓고, 그 뒤에는 사촌들, 끝에는 며느리와 딸들이 뒤따른다. 이 행렬의 선두에 선 이는 망자의 이름과 관등(官等)이 적힌 기다란 붉은 깃발을 들고 있다.

Carried by eight pallbearers, the bier transports the coffin, which is lying on a colorful catafalque decorated with apotropaic symbols to keep evil spirits away and shielded from daylight by a ritual canopy. The chief mourners, the sons, clad in full traditional mourning garb made of coarse hemp, march immediately behind the bier, followed by cousins and, at the end, daughters-in-law and daughters. The procession is headed by the bearer of a long banner of red cloth upon which the name and the rank of the deceased are written.

이런 식의 정교한 장례 행렬은 내가 1968년 3월 그 사진을 찍었을 무렵에도 이미 보기 드문 광경이었다.

Such an elaborate funeral procession was a rare sight when I photographed it in March 1968.

전통적으로 부친의 장사를 지낸 후 장남은 명목상 3년(실제로는 24개월)의 거상 기간을 준수해야 한다. 이 기간에 그는 일을 하거나 바깥 세상과 접촉해서는 안 된다. 이런 까다로운 규정은 1960년대에는 더 이상 엄격하게 지켜지지 않았다. 이 씨는 낮에는 일을 하지만, 집에 오면 상복으로 갈아입는다.

Traditionally, after the burial of a father, the eldest son is required to observe a mourning period of nominally three years (in reality twenty-four months). During this time, he is not supposed to work or have contact with the outside world. Such stringent rules were no longer strictly observed in the 1960s. Mr. Yi works during the day, but changes into mourning dress when at home.

그는 거적이 깔려 있는 별실에서 혼자 지낸다. 금욕적 생활로 인해 몸이 약해졌음을 증명이라도 하듯 그는 바닥에 무릎을 꿇고 앉을 때 고침(藁枕)이라는 짚으로 만든 베개에 몸을 의지한다. 일어날 때는 대나무 지팡이로 몸을 가눈다. 대나무의 둥근 모양은 남성의 상징인 '둥근 하늘'을 나타내므로, 대나무 지팡이를 짚는 것은 그가 부친상을 당했음을 뜻한다.

He secludes himself in a special room laid out with a coarse mat and, demonstrating his weakness from abstinence, kneels on the floor while leaning on a rough headrest. When he gets up, he supports himself with a bamboo staff, the roundness of which stands for "round heaven"—a male symbol—indicating that he mourns his father.

근처의 작은 방(빈소)에는 일상적 의례를 위해 망자의 영정(또는 위패)이 안치되어 있다. 망자는 여전히 한 가정의 일원으로 여겨져, 사후 한 달 동안은 하루에 세 번 조리된 음식을 대접받는다. 그의 모자나 지갑, 담뱃대 같은 소장품도 그대로 놓여 있다. 죽은 자가 생전에 담배를 즐겨 피웠던 까닭에, 때로는 불이 붙은 담배가 위패 앞에 놓이기도 한다.

In a smaller adjacent room (binso) an altar with the portrait (or the spirit tablet) of the deceased is installed for daily rites. The deceased is still treated as a member of the household and receives cooked meals three times a day during the first month after death. His personal belongings such as his hats, purse, and tobacco pipes are still on display. Because the deceased loved to smoke, a burning cigarette is occasionally laid on the altar.

사당

상기가 끝나고 나면, 망부(亡父)가 종손이었을 경우 그의 위패는 사당에 모셔진다. 이로써 망자는 비로소 조상이 된다. 사당은 본채에서 얼마 떨어지지 않은 동쪽에 주로 북남 방향을 축으로 자리를 잡고 있다. 이곳은 담으로 둘러싸여 있고, 그 문은 의례를 치를 경우에만 개방된다.

Ancestral Shrine (sadang)

After the mourning period ends, the spirit tablet (wipae) of the heir of a main descent line is enshrined in the ancestral shrine (sadang). With this act, the deceased turns into an ancestor. The ancestral shrine, usually sited on a north–south axis, is located a short distance from the main house to the east. It is surrounded by a wall, and its gate is opened only on ritual occasions.

4대조의 위패들은 감실(龕室)에 보관되어 있다. 감실은 서쪽에서부터 동쪽으로 배열되어 있어 고조부의 감실이 서쪽(즉 북남축의 오른쪽인데, 왼쪽이 오른쪽보다 우위에 있는 일상생활의 순서와는 반대이다)에서도 가장 명예로운 위치에 모셔져 있다.

The spirit tablets of four ancestral generations are preserved in wooden cabinets, which are arranged from west to east so that the cabinet of the great-great-grandfather is positioned in the most honorable place in the west (i.e., to the right of the north–south axis, in reverse of the order observed in daily life where the left takes precedence over the right).

각 감실에는 조상 부부의 위패 두 개가 들어 있다. 어떤 조상의 부인이 두 명이었을 경우, 그 부인들이 아들을 낳았다면 두 분 다 조상으로 기려진다. (첩들은 이런 대접을 받지 못했다.) 조상의 위패는 친족 집단 최고의 보물로, 비상시(전쟁, 화재, 또는 홍수 같은)에 가장 먼저 보호되었다.

Each cabinet contains the two tablets of an ancestral couple. One ancestor had two primary wives, both of whom are honored as ancestresses because they bore sons. (Concubines were never so honored.) The ancestral tablets were a descent group's greatest treasures; in case of emergency (such as war, fire, or floods), they were safeguarded before anything else.

차례(1974)

도포를 입은 종손이 개방된 사당 앞에 서서 제사 음식이 도착하기를 기다리고 있다. 젊은이들이 작은 쟁반에 든 음식을 가지고 온다. 이 음식은 종손의 아내(종부)가 특별히 깨끗한 환경에서(예전에는 별도의 신주(神廚)에서) 조리한 것이다.

The Annual Rites on Seollal and Chuseok (1974)

The jongson in full ritual attire (dopo) stands in front of the opened shrine and awaits the arrival of the sacrificial food. Young helpers bring the food on small trays. It has been cooked by the jongson's wife (jongbu) in specially cleaned surroundings, and in earlier times, in a separate "spirit kitchen" (sinju).

주제자인 종손은 그와 같은 고조부를 모시는, 따라서 팔촌 안에 드는 친척들에 둘러싸여 있다. '당내(집안)'라 불리는 이 친족 집단은 전통적으로 이들 중 누구에게라도 상이 나면 서로 상복을 입는 사이이다.

The jongson as the chief officiant is surrounded by his kinsmen, who share with him a common great-great-grandfather and thus are cousins within third degree (palchon). This group of kinsmen, called "within the house" (dangnae), wear mourning for each other.

의례는 고조부에게 제물을 바치는 것으로 시작되는데, 이때 모든 참례자는 절을 한다.

The rites start with offerings to the great-great-grandfather, during which all participants bow.

제물을 받는 조상들의 세대가 젊어질수록 절을 하는 친족 집단의 범위가 달라진다.

With the offerings proceeding to the lower generations, different groups of kinsmen pay respect.

차례가 끝나면 제사 음식은 종가로 운반되고, 참례자들이 제사 음식을 함께 나누기 위해 제기에서 일상용 그릇으로 옮겨 담아진다.

When the ceremony comes to an end, the sacrificial food is taken back to the main house and transferred from the ritual vessels (jegi) to everyday dishes in preparation of the ritual meal.

연장자들은 사랑채에 모여 선조가 남겨주신 음식을 먹는데, 이를 '음복'이라 한다. 이 친밀한 모임은 가문의 문제들을 논의할 기회도 제공한다.

The elders convene in the men's quarters and eat what their forebears have left them; it is called "imbibing good luck" (eumbok). This intimate gathering also provides an opportunity to discuss lineage affairs.

한 참여자는 본인의 모습이 카메라에 찍히는 것을 자랑스러워한다. 그는 공손한 느낌으로 눈을 내리깔고 있다.

A participant is proud to have his picture taken; he politely lowers his eyes.

음복이 끝나면 근처에 있는 조상의 산소, 특히 비석으로 표시되는 마을 창립자의 묘를 찾아가는 것이 관행이다.

After the meal, it is customary to visit nearby ancestral graves, in particular the grave of the founder of the village that is marked by an inscribed stele.

무덤은 신성한 장소이므로 방문객들은 반드시 신발을 벗어야 한다. 묏자리는 풍수에 따라 신중하게 선택되어야 하는데, 묏자리를 잘 잡아야 후손들이 좋은 영향을 받기 때문이다.

As a tomb site is a sacred area, visitors must take off their shoes. For the most favorable influence on descendants, a tomb site needs to be carefully selected according to geomantic guidelines.

부부의 무덤은 사당에서 위패를 모실 때와 동일한 규정으로 배치된다. 남편의 무덤은 오른쪽(무덤 쪽에서 볼 때)에, 아내의 무덤은 왼쪽에 있다.

A double gravesite is arranged according to the same rules as those observed in the ancestral shrine: the husband's tomb is on the right (as seen from the tomb), while the wife's tomb is on the left.

사당에 봉안된 종가의 조상들이 설날과 추석에 제사를 받기 전에 방계 친척(종손의 사촌들)은 자신들의 부모를 기리는 간단한 의례를 치른다. 위패 대신 영정이 풍성한 제수가 차려진 제사상 위에 모셔지고, 장남이 의례를 주관한다.

Before the ancestors of the main descent line enshrined in the ancestral shrine are celebrated on Seollal and Chuseok, collateral kinsmen (cousins of the jongson) hold short commemorations for their parents. In place of spirit tablets, portraits are installed on an altar richly laden with sacrificial food; the eldest son serves as the main officiant.

부모님이 돌아가신 기일은 고인이 된 그분들과 가장 평범하고도 친밀하게 만나는 날이다. 기제는 망자가 돌아가신 날의 가장 이른 시각인 자정에 거행되고, 그의 혼령을 집안으로 모시기 위해 대문을 활짝 열어둔 채 시작된다. 장남은 남동생들과 사촌들의 도움을 받아 정해진 규칙에 따라 음식이 진설되어 있는 제사상 앞에 무릎을 꿇고 앉아 의례를 주재한다. 그는 두 번 절하고 혼령을 맞이한다. 그가 첫잔을 올리고 나면, 그곳에 있는 남녀는 곡이라는 의례적인 울음소리를 낸다. 애통한 순간인데, 곡은 갑자기 시작되고 갑자기 끝난다. 그런 다음 주제자가 축문을 읽고, 남동생들이나 사촌들(때로는 주부)이 둘째 잔과 셋째 잔을 올린다. 그 다음에는 숟가락이 메(신위 앞에 놓는 밥)에 꽂히고, 초대된 혼령은 받은 제물을 드신다. 그동안 참석자들은 방에서 물러나 문을 닫는다. 주제자가 짧은 기침소리로 혼령에게 떠날 시간이 되었음을 고하고 나면, 혼령이 돌아갈 수 있도록 문을 연다. 모든 참례자는 두 번 절한다. 제사는 한밤중에 후손들이 함께 식사하는 것으로 마무리된다.

The simplest and most intimate encounter with a deceased father or mother takes place on their respective death anniversaries (giil). The rite is performed at midnight on the eve of the deceased's death and begins with the main gate being opened to guide the spirit to the house. The eldest son, assisted by brothers and cousins, presides over the rite, kneeling in front of an altar with sacrificial food, which is arranged according to fixed rules. He bows twice and welcomes the spirit. After he presents the first libation, those present, men as well as women, burst into ritual wailing (gok)—a heartbreaking moment—which stops as abruptly as it starts. The officiant then reads a eulogy (chungmun), and brothers or cousins (at times the mistress of the house) offer the second and third libations. After this, a spoon is placed in the rice bowl, and the soul is invited to feast on the ritual food; those present retire from the room and close the door. With a short cough of the officiant, the soul is warned that its time is up, and the door is opened for it to depart. All participants bow twice. The ceremony ends with a communal meal in the depth of night.

유교식 제사는 원래 중국의 의례 양식을 따른 것이지만, 한국에서는 엘리트와 비엘리트가 공히 준수하는 순전히 한국적인 관행으로 서서히 바뀌어왔다. 도시화로 인해 주거 양식이 변하고 이에 따라 친족 집단이 분산되면서 의례를 봉행하기가 점점 어려워진 측면이 있지만, 사망한 부모를 기리는 제사는 대다수 한국인의 연중 의례 일정에서 대단히 중요한 날로 남아 있다.

Confucian-style ancestor worship, though originally based on Chinese ritual patterns, has gradually become a thoroughly Korean custom observed by elite and non-elite alike. Changing living patterns caused by urbanization and the consequent dispersal of kin groups have endangered ritual performances, but rituals offered to deceased parents remain important signposts in the ritual calendar of most Koreans.

동제

Village Rites (dongje, 洞祭)

정월 대보름날 밤에는 많은 마을에서 공동체 의례인 동제(洞祭)가 거행되어 지역의 수호신에게 행운과 풍년을 빌며 (음력) 새해를 시작한다. 1975년 2월 우리는 충청북도의 가파른 산기슭에 위치한 작은 마을에서 열린 이 의례에 초대받았다. 이 마을은 1630년대에 만주족이 침공했을 때 산간 지대로 피신한 엘리트 정착자들이 세웠다고 한다. 그래서 오늘날에도 모든 마을 주민은 자신들의 신분이 엘리트라 주장했지만, 마을에 개별 사당은 없었다. 대신 그들은 설날과 추석에 조상들을 집단적으로 숭배하고 있었다.

On the night of the first full moon of the lunar year (daeboreumnal) communal rites are performed in many villages to inaugurate the new lunar year with invocations to the local guardian spirits for good luck and a bountiful harvest. In February 1975 we are invited to attend these rites in a small village nestled at the foot of a steep mountain in Chungcheongbuk-do. The village, we are told, was founded by elite settlers who fled into the mountains during the Manchu invasions in the 1630s. All villagers still claim elite status, but there is no individual ancestral shrine; instead, the ancestors are worshipped collectively on Seollal and at Chuseok.

우리는 하루 전에 도착한다. 대보름날에는 외부인이 들어와 마을을 오염시키지 못하도록 마을 입구에 '금줄'이 쳐지기 때문이다.

We arrive one day early because the next day the village is to be cordoned off by a "prohibition cord" (geumjul) to prevent outsiders from entering and polluting the village.

땅에 눈이 조금 쌓이고 날은 몹시 춥다.

Light snow covers the ground, and it is bitterly cold.

이 마을에는 제례 장소가 세 군데 있다. 첫 번째 장소(제례 순서에 따른)인 국사당(國師堂)은 마을을 굽어보는 언덕배기에 있는 작은 소나무 숲이다. 제단은 없지만 가장 늙은 소나무는 금줄로 표시되어 이곳이 신성한 장소임을 말해주고 있다.

This village uses three ritual locations. The first one (according to the ritual schedule), the "Shrine of the Local Guardian Spirit" (guksadang), is a small stand of pine trees on a hilltop overlooking the village. There is no altar, but the oldest pine is marked by a prohibition cord, defining the area as a holy site.

이 나무에는 원래 줄기가 두 개 있었지만, 일제 강점기에 인근 읍의 일본인 읍장이 미신을 뿌리 뽑을 요량으로 그 줄기 하나를 베어 새로 짓는 자기 집의 대들보로 사용했다고 한다. 이 장소는 그렇게 훼손당했고, 주민들은 이 일 때문에 그에게 불운이 닥쳤다고 믿고 있다. 얼마 뒤 그의 집이 "망했기" 때문이다. 이 지역에 전해오는 이야기에 따르면 그 숲 아래 작은 절이 하나 있었는데, 무더운 여름날 승려가 가파른 바위 위에서 낮잠을 자다 굴러떨어져 죽고말았다고 한다. 절 안에서 발생한 죽음은 불행을 몰고 와 그 중을 악령으로 만들어버렸다. 그 바위는 훗날 '중바위'로 불렸고 주변에 신비로운 힘을 불어넣었다.

The tree originally had two trunks, but during the Japanese occupation period, we are told, the Japanese mayor of the nearby town, intent on eradicating superstitious cults, violated the site by cutting down one of the trunks and using it as the main roof beam (daedeulbo) of his new house. This, it is believed, brought him bad luck because his house was "ruined" (manghaetta) a short while later. According to a local legend, there had been a small Buddhist temple just below the grove. On a hot summer day, a monk had been napping on a precipitous rock and fell to his death. Dying within temple precincts brings misfortune, and the monk turned into an evil spirit. The rock was later called the "monk's rock" (jungbawi), imbuing the area with numinous power.

더 올라가면 경사가 매우 심한 비탈 위에 큰 바위들로 뒤덮인 두 번째 신성한 장소가 나온다. 이곳 천지당(天地堂)은 작은 떡갈나무 숲으로 이루어져 있다. 마지막으로 마을의 입구를 지키는 신(성황)을 모시는 성황당(城隍堂)은 전면이 개방된 작은 목조 건물로, 내부에는 벤치처럼 생긴 제단이 있다. 성황당은 거대한 신목(神木)의 비호를 받고 있고, 그 앞에 뿌려진 황토에 의해 악한 기운으로부터 보호된다.

Further up, on a very steep slope strewn with big rocks, the second sacred place consists of a grove of oak trees, called "Shrine of Heaven and Earth" (cheonjidang). Finally, the village shrine (seonghwangdang), a small wooden building with an open front and a bench-like altar inside, is dedicated to the local deity guarding the entrance to the village (seonghwang). The shrine is sheltered by an enormous "spirit tree" (sinmok) and protected against evil forces by yellow dirt scattered in front of it.

첫 번째와 두 번째 제례 장소에 깃든 신들은 성별이 없다고 믿어지는 산신들이지만, 성황은 외부의 나쁜 영향으로부터 마을을 수호하는 여신으로 간주된다.

While the spirits inhabiting the first and second ritual sites are mountain gods believed to be genderless, the seonghwang is identified as a female divine being that shields the village community against adverse outside influences.

새해 의례를 준비할 때는 마을공동체와 제례를 주관하는 사람들의 정결함에 각별한 주의가 기울여진다. 해마다 세 명의 제관이 새로 선출되는데, 그들은 마을사람들 사이에서 덕망이 높고 복이 있어야 하며, 지난해 누군가 태어나거나 죽은 일로 집안이 부정을 탄 적이 없어야 한다. 제관들은 부부관계와 술, 담배를 삼가며 목욕하고 깨끗한 옷을 입어 스스로를 정화함으로써 자신들의 의례적 임무에 대비한다.

In preparation for the New Year's rites, the cleanliness of the village community and of the men in charge of the rites is given minute attention. Chosen anew every year from among virtuous and lucky (bokdeok) villagers whose households have not been polluted by birth or death during the previous year, the three officiants (jegwan) ready themselves for their ritual tasks by abstaining from sex, alcohol, and tobacco and purify themselves by bathing and dressing in clean clothes.

사흘 동안 그들의 거처에는 출입이 통제된다. 심지어 소도 깔끔하게 빗질된다. 그리고 공동 우물에는 접근이 금지된다.

For three days their residences are cordoned off. Even the ox gets a brushing, and the communal well is put off-limits.

제사를 지내는 밤, 보름달이 중천에 훤히 떠오른다. 그래도 우리가 출발할 때 길은 칠흑같이 어두워 내 카메라의 플래시로 가끔 앞을 밝힐 따름이다. 흰색 예복을 차려 입고 첫 두 제례를 주관할 제관 두 명(연장자가 술 주전자를 들고 있다)은 제구들을 지게로 운반하는 시종 한 명과 그리 밝지 않은 등불을 든 어린 소년 한 명의 호위를 받는다.

On the night of the rites, the full moon is shining high in the sky, but as we set out, the path is pitch-dark, only occasionally illuminated by the flash of my camera. Clad in ritual white, the two officiants responsible for the first two rites (the senior one holding the wine kettle) are escorted by a servant transporting the ritual utensils on an A-frame and a young boy carrying a dim light.

마을의 여성들은 전통적으로 이런 절차에서 배제되기 때문에, 외부에서 온 여성인 우리가 제관들을 따라가 사진을 찍고 의식을 기록하는 일을 허락받은 것은 대단한 특권이다.

As the village women are traditionally excluded from the procedures, it is a special privilege for us female outsiders to be allowed to accompany the officiants, take pictures, and record the ceremonies.

우리가 향한 첫 번째 제례 장소는 국사당이다. 무리의 뒤편에 있던 우리는 어둠을 뚫고 급경사면의 날카로운 바위들을 밟으며 비틀비틀 걸어간다. 침묵만이 흐른다. 남자들이 신성한 소나무 밑에 멍석을 깔고, 시루떡이 든 그릇과 밤과 대추가 담긴 접시들을 배열한다.

The first ritual site we are heading to is the guksadang. In complete darkness, we stagger along behind the group over sharp boulders on the steep hillside. No words are spoken. At the foot of the sacred pine tree, the men unroll a straw mat and set up a vessel with steamed rice cakes (sirutteok) and smaller dishes with chestnuts and jujube.

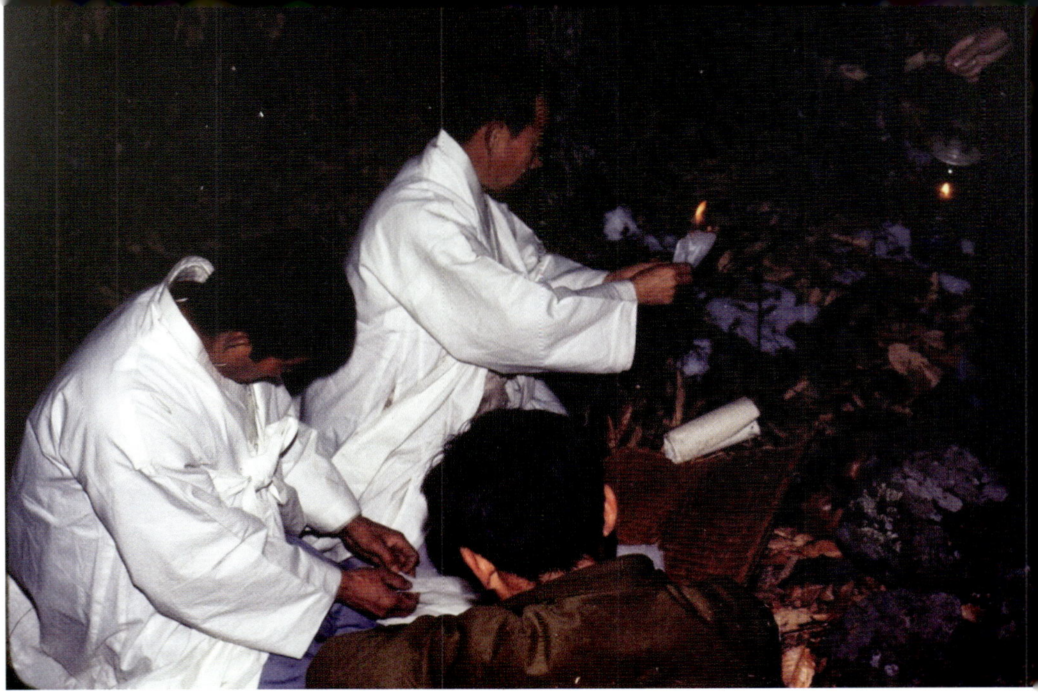

술을 뿌려 신을 초대하고 변함없는 자비와 가호를 간청하는 짧은 축문을 읽은 다음, 주제관은 각 가구의 소원을 신에게 비는 흰 종이(소지)를 태워 공중으로 날린다. 종이가 땅에 떨어지지 않고 공중으로 날아오르면, 소원이 신에게 전달되어 그해의 행운이 확보된다.

After pouring out wine to invite the spirit and reading a brief incantation (chungmun) begging for its continued benevolence and guardianship, the senior officiant floats burning white votive paper rolls (soji), one for each household, to bring their wishes before the spirit; if the paper roll floats into the air without falling back, the wish is heard and good luck for the coming year secured.

우리는 두 번째 장소인 떡갈나무 숲으로 걸음을 옮긴다. 제관들은 몇 가지 제물이 진설되고 초가 켜진 멍석 위에 무릎을 꿇고 앉는다.

We then turn to the second site, the grove of oak trees. The officiants kneel down on the straw mat on which a few offerings are spread out, and a candle is lit.

술잔을 올리고 주문을 읽은 다음, 그들은 정중하게 절을 한다. 그리고 거듭 소지를 올린다. 우리가 떠날 때 촛불은 꺼지지 않고 타오르고 있다.

After presenting a libation and reading an invocation, they bow reverently and repeat the floating of paper wishes. A candle is left burning when we depart.

위태롭게 하산하여 마을로 돌아온 우리는 이제 중심 사당인 성황당에 당도한다. 세 번째 제관이 합류하고 이들은 시루떡과 돼지머리, 밥 한 공기, 밤과 호두, 대추가 든 접시들이 놓여 있는 제단 앞에서 큰절을 올린다. 술을 따른 다음 제관 한 명이 한문으로 적혀 있는 축문을 낭독한다. 행운과 풍성한 수확을 가져다주고 마을을 질병과 재앙으로부터 보호해달라고 간청하는 내용이다.

After a perilous descent back to the village, we arrive at the main shrine, the seonghwangdang. The two officiants join the third one and bow deeply in front of the altar laid out with sirutteok, a pig's head, a bowl of rice, and dishes with chestnuts, walnuts, and jujube. After a wine offering, one of the officiants reads an incantation written in classical Chinese asking the deity to bestow good fortune, a bountiful harvest, and protection against illness and disaster upon the village.

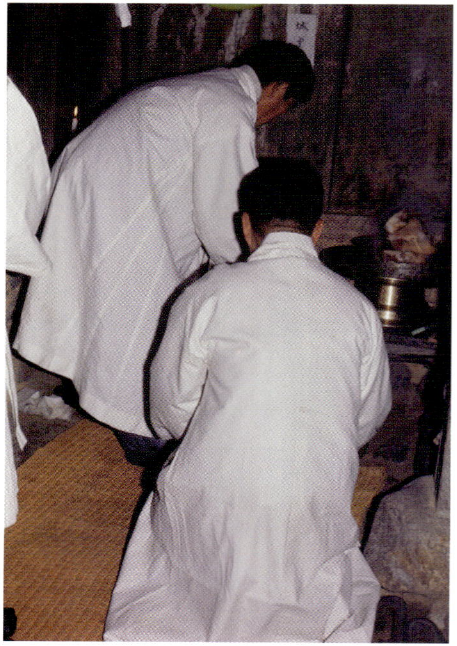

그런 다음 마을사람들을 위한 소지를 날리는데, 그들의 이름과 생년이 작은 책자에 깔끔하게 기록되어 있다. 의식은 큰절을 여러 번 하는 것으로 마무리된다.

Then follows the floating of votive paper rolls for the villagers, whose names (and birth years) are neatly recorded in a small booklet. The ceremony ends with repeated deep bows.

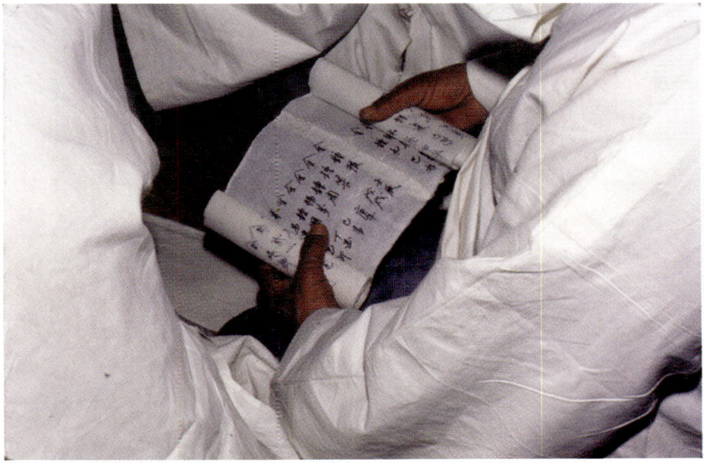

이런 절차가 진행되는 동안 구경꾼들이 성황당 주위에 모여들어 추위를 쫓기 위해 불을 피운다. 이내 매캐한 연기가 현장에 가득 퍼진다.

During these proceedings, onlookers gather around the shrine and light a fire to warm up. Soon acrid smoke envelops the scene.

숙소로 돌아오니 벌써 자정이 지났다. 하지만 마을의 잔치는 지금 막 시작되고 있다. 신들에게 바쳤던 음식물을 먹는 음복은 대단히 상서로운 것으로 여겨진다. 돼지머리는 각 집에 균등하게 분배된다. 우리 일행은 특별한 손님이라 돼지 귀를 받는다. 우리가 머물고 있던 집의 여성들에게 산에서 거행된 의식을 녹음했던 테이프를 틀어주자 그녀들은 주의 깊게 들으면서 깔깔거리며 웃는다.

By the time we are back in our night quarters it is well past midnight, but the feasting in the community is just beginning. Eating the offerings earlier presented to the divinities, called "partaking in good luck" (eumbok), is believed to be most auspicious. The pig's head is divided in portions for each household. As special guests, we receive the pig's ears. We play the recordings of the ceremonies on the mountains to the female members of our household, to which they respond with spontaneous laughter.

After a short sleep we leave the village, and on our way back to town we encounter groups of fancifully dressed youths sporting Buddhist-style peaked cowls. They play loud music to chase away any lingering malevolent spirits. That evening, as we are driving through remote countryside, we discover at the roadside a newly crafted straw doll (jeung) propped up by a forked tree branch. A clumsily written letter at its feet tells us the sad story of a woman who has been tormented by a bad spirit and ill-health for many years without any prospect of healing. She hopes that the doll, representing the bad spirit possessing her, would be crushed by one of the heavy construction trucks passing on that road. We decide to take the doll with us in the hope of relieving the suppliant of her illness. I reconstruct the scene the following morning.

우리는 잠시 눈을 붙인 뒤 마을을 떠난다. 집으로 돌아가는 길, 차림새가 요란한 일군의 젊은이가 지나간다. 불교풍 고깔을 쓴 그들은 주변을 배회하는 악령을 쫓아내기 위해 시끄러운 음악을 연주하고 있다. 그날 저녁 차를 타고 외딴 시골을 지나고 있을 때, 우리는 길가에 서 있는 새로 만든 지푸라기 인형(제웅)을 발견한다. 나뭇가지로 지탱되고 있는 제웅의 발 밑에는 어설프게 쓰인 편지가 놓여 있는데, 그 편지는 여러 해 동안 아무런 차도도 없이 병마에 시달려온 한 여성의 슬픈 사연을 전하고 있다. 그녀는 자신을 사로잡은 악령을 나타내는 그 인형이 그 길을 지나는 육중한 건설용 트럭에 짓뭉개지기를 바라고 있다. 우리는 그녀의 병이 낫기를 기원하며 인형을 갖고 가기로 한다. 이튿날 아침 나는 그 장면을 재구성한다.

신령들은 각자만의 기이한 방식으로 효험을 발휘했다. 동제에 참여한 우리 세 명 모두 촬영을 했는데, 내가 찍은 사진만 잘 나왔고 나머지 두 명의 필름에는 사진이 찍히지 않았다. 내가 태어난 해가 주제관과 같았기 때문일까? 그래서 신령들의 영역을 침범하지 않았다 여겨져 그들이 성나지 않았기 때문일까? 안타깝게도 내 사진 기록은 우리가 특별히 목격할 수 있었던 동제에 대한 유일한 증언으로 남게 되었다. 나중에 들은 것에 따르면, 신령의 힘을 믿지 않는 정부가 훗날 그런 의례를 억압해버렸기 때문이다.

Spirits work in their own strange ways. Three of us attending the village ceremonies had taken pictures, but only my films turned out well; the others remained black. Was this because I shared the chief officiant's year of birth and thus did not offend the spirits by trespassing on their territories? Sadly, my pictorial account is the only testimony to the village rites we were privileged to witness. We were later told that such rites were subsequently suppressed by a government that did not believe in the power of spirits.

이문동의 무당

Shaman of Imun-dong

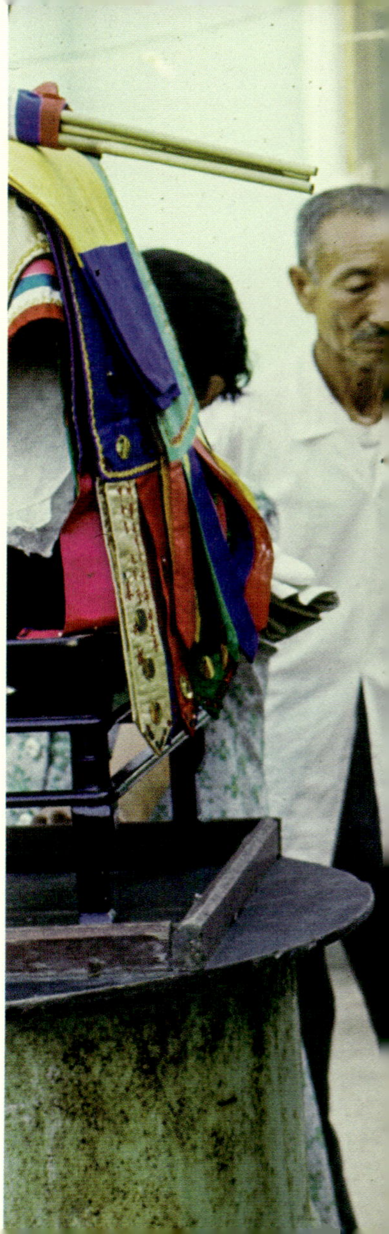

1973년 8월의 무더운 여름날 아침, 나는 난생처음 신당을 방문했다. 동료 한 명이 자신과 함께 이문동 만신(무당의 경칭)의 대표 굿 세 가지 가운데 하나인 백중굿을 보러가자고 나를 설득했다. 이 굿은 만신이 본인이 모시는 신들과 자신의 조상 및 손님들을 위해 매년 음력 7월 15일(또는 8월 중순)에 펼치는 것이었다. 처음에 나는 망설였다. 유학을 공부하다 보니 부지불식간에 무당을 업신여기는 유학도의 편견을 공유하고 있었던 것이다. 하지만 이문동 만신과의 만남을 통해 나는 새로운 세계에 눈을 뜰 수 있었다. 나는 이 만신에게 정말 매료되었고, 이듬해 3월에는 '봄 신령을 맞이하는' 꽃맞이굿을 보기 위해 다시 그녀를 찾았다. 두 번의 굿은 거의 동일했으므로, 그때 찍은 사진들 가운데 가장 잘 나온 것들을 골라 대(大)만신과의 잊을 수 없는 만남을 소개하고자 한다.

On a hot summer morning in August 1973 I visited a shaman shrine for the first time. A colleague had persuaded me to join him to see the Baekjung gut, one of the three grand rituals (gut) the Imun-dong mansin (polite address of a shaman) used to hold every year on the fifteenth day of the seventh lunar month (mid-August) for feasting her own shrine gods, ancestors, and clients. I first was reluctant because as a student of Confucianism I unconsciously shared the Confucians' prejudice against shamans. My encounter with the Imun-dong mansin, however, was a revelatory experience. In fact, my fascination with this mansin led me back in March of the following year to watch her "flower-greeting" gut (kkotmaji gut). As the two celebrations were nearly identical, I have selected the best pictures taken on either occasion to document my unforgettable introduction to a great mansin.

우리는 지금 막 신당에 도착했는데, 굿은 이미 시작되고 있다. 자그마한 신당 안으로 들어서니 어떤 두려움이 엄습한다. 벽면을 가득 채운 형형색색의 이미지들, 만신의 신들이 나를 노려보고 있기 때문이다. 바나나처럼 희귀한 진미를 비롯해 풍성한 제물이 가득 놓인 제단 위에는 초가 타오르고 있고, 문틀에는 내 눈에 기이하게만 보이는 무구(巫具)들이 매달려 있다. 흔치 않은 냄새가 코를 자극한다. 만신은 점괘를 받으려는 여자들에 둘러싸여 있다. 그녀는 나이가 많고 체구가 작은데, 뒤로 묶은 검은 머리에는 전통 은비녀가 꽂혀 있다.

As we approach the shrine, the ritual (gut) is already well under way. I am ushered into the rather small shrine (sindang), and a feeling of awe immediately envelops me. From colorful images on the walls the mansin's gods stare at me; candles burn on the altar laden with rich offerings, among them bananas—a rare delicacy—and paraphernalia strange to my eyes hang on the doorframe. The air is filled with uncommon smells. The mansin is surrounded by women seeking her divinations. She is an elderly woman of small build, her black hair held together in the back with a traditional silver hairpin (binyeo).

나를 소개하자, 그녀는 검고 예리한 눈으로 마치 나를 꿰뚫어보듯이 샅샅이 훑어본다. 순간 주눅이 든다. 그녀가 내 과거를 맞히기 시작하자 살짝 겁이 나기도 한다. 어떻게 나의 과거사를 그렇게 정확하고 소상하게 알 수 있단 말인가? 하지만 내 미래에 대해서는 침묵한다. 나를 안심시키는 미소를 띤 채 손님들에게 되돌아가는 그녀를 이제 마음 놓고 자세히 관찰한다.

As I am introduced to her, she scrutinizes me with her dark, penetrating eyes as if she were looking through me. I feel intimidated and even a bit alarmed as she begins to divine my past. How could she know so correctly the details of my earlier life? About my future she keeps silent. With a reassuring smile, she turns back to her clients, and I am free to observe her closely.

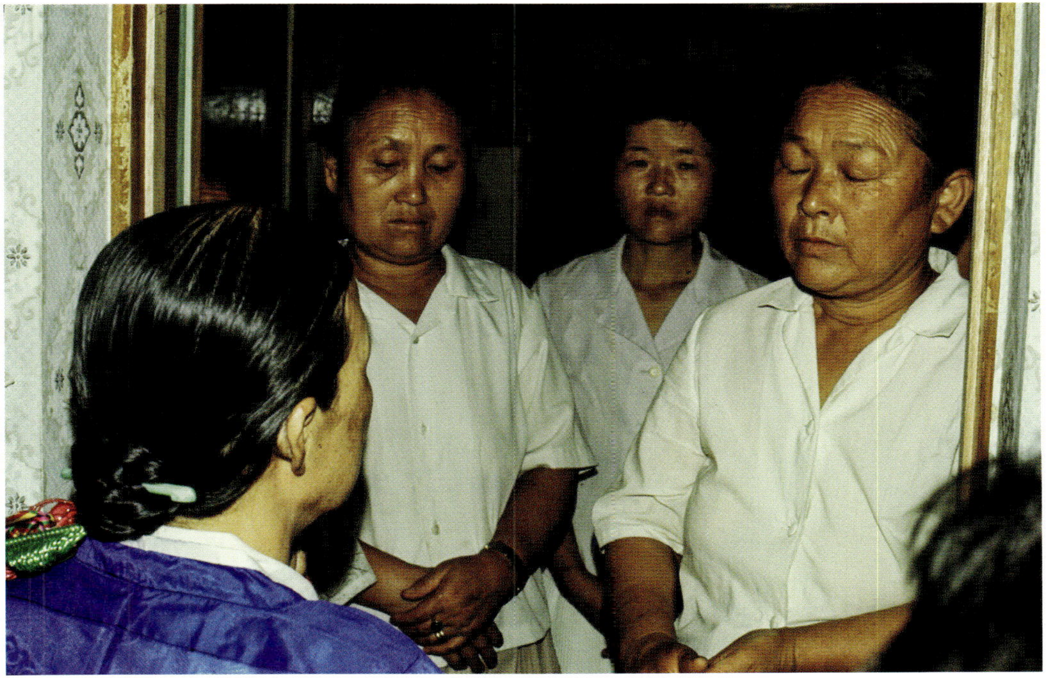

여성 고객들의 기원에 침착하고 권위 있게 응대하는 그녀의 태도에 찬탄을 금할 수 없다. 그 고객들에게 고통을 주는 것은 말썽을 부리는 아이들인가, 부부 간의 불화인가, 아니면 비위를 맞추기 힘든 어른들인가? 여자들은 눈을 감고, 만신의 판단과 충고에 귀를 기울인다.

The calm authority with which she responds to the women's supplications strikes me with wonder. Are they troubled by wayward members of their households, marital discord, or unruly ancestors? With their eyes closed, they listen with concentration to the mansin's judgments and advice.

만신 자신도 고생을 많이 했다고 한다. 황해도에서 태어나 어린 나이에 양반가에 시집을 갔고, 그 직후 무병을 앓아 이상한 행동을 보이기 시작했다. 결국 시댁에서 쫓겨났고 그때부터 이곳저곳을 떠돌다 마침내 무당으로 살기 시작했다. 그러다가 한국전쟁 이후 피난민 신세로 서울에 왔고, 북에서 온 상당수의 피난민이 새로운 보금자리를 마련하여 살고 있던 이문동에 정착했다. 그래서 그녀의 단골은 대부분 북쪽 출신 여성이다. 하지만 대만신이라는 명성은 이런 지역적 경계를 훌쩍 뛰어넘는 것이다.

I am told that the mansin herself had had a difficult life. Born in the northern province of Hwanghae-do, she was married early into a yangban house. Soon she was troubled by shamanic dreams and started to behave in strange ways. She was eventually expelled by her in-laws, whereupon she wandered around until she finally started the life of a shaman. As a refugee, she came to Seoul after the Korean War and settled in Imun-dong where a sizable number of North Korean refugees had found new homes. The majority of her regular clientele (dangol) are therefore northern women. Her reputation as a great mansin reaches, however, far beyond this town district.

방구석에 앉아 있는 동안 나는 그녀가 모시는 형형색색의 신들을 눈여겨본다. 누군가가 만신의 특별 몸주[身主, 수호신]는 산삼을 든 소년의 모습(145쪽 사진의 왼쪽에 보이는)을 한 '산마[산신] 도령님'이라고 일러준다. 그때 갑자기 주위가 소란해진다. 만신의 신딸이 칠성(七星)으로 장식된 부채를 들고 동료 한 명과 함께 춤을 춘다. 아이들을 보호해주는 칠성은 음력 7월 7일에 모셔지는데, 바로 이날 절에서는 죽은 가족의 명복을 비는 법회가 열린다. 신딸과 그 동료가 허리에 두른, 전통적으로 상복을 만드는 데 사용되어온 삼베로 된 띠에 이날의 이중적 의미가 표현되어 있는 게 아닐까?

While I am sitting in a corner, I take in more of the mansin's colorful pantheon, and someone points out to me that the mansin's special guardian spirit is the Mountain God's Bachelor Assistant (Sanma [Sansin] doryeonnim), who appears as a young boy holding a ginseng plant (seen in the left-hand corner of photo on page 145). Suddenly there is much commotion around me. With a companion, the mansin's spirit-daughter (sinttal) is dancing, holding a fan decorated with the Seven Stars. The Seven Stars (Chilseong) protects children and is celebrated on the seventh day of the seventh lunar month, on the same day that family dead are remembered in Buddhist temples. Is the day's double meaning expressed in the bands of coarse hemp cloth traditionally used for mourning dress that the spirit-daughter and her companion have slung around their waists?

정오가 되자 굿이 중단되고 손님들은 모여서 간단한 점심을 먹는다. 순백색의 옷을 입은 만신도 휴식을 취한다. 잠시 뒤 무구들이 좀 더 널찍한 안마당으로 옮겨진다. 신당이 있는 집 바깥 벽 앞에 소박한 제단이 세워져 있는데, 그 위 늘어진 줄에 신들의 영정이 걸린다.

At noon, the activities stop, and the clients gather to eat a modest lunch. The mansin, dressed in pure white, also takes a break. Shortly later, the paraphernalia are moved outside to the more spacious courtyard. Pictures of gods are strung on a line above a simple altar built against the wall of the house.

만신은 오색 옷을 입고 신관(神官) 모자를 쓴 채 나타난다. 왼쪽 어깨 위에는 오방기를, 오른손에는 무령이라 불리는 12개의 금속방울을 들고 있다.

The mansin appears in a five-color outfit (osaek) with a Spirit Official's hat on her head. She holds the five-directions-flags (obanggi) over the left shoulder and a set of twelve brass bells (muryeong) in her right hand.

그녀는 두 도구를 이용해서 점을 치고, 신딸은 장구를 치며 그녀를 따라다닌다.

She uses both for divinations, while her spirit daughter accompanies her on the hourglass drum.

만신은 큰 그릇에 담긴 쌀 무더기 속에 방울을 집어넣는다. 점의 결과를 말해주는 점괘는 방울에 묻어 고객의 무릎 위로 떨어진 쌀알의 수다. 짝수는 행운을 의미한다.

The mansin dips the bells into loose rice kernels in a large vessel; the number of kernels retained in the bells and shaken into the lap of the supplicant determines the outcome of the divination—an even number means good luck.

나와 고객들은 이런 장면을 자세히 관찰한다.

The scene is closely watched by her clients—and by me.

이어 만신은 장군 복장으로 갈아입고는 손에 오방기를 쥔다. 그 중에서 산신의 깃발인 빨간색 기를 탄원자들의 머리 위에 펼치는데, 이는 신이 자애롭게 그들의 소원을 들어준다는 신호이다.

The mansin changes into the General's uniform, clutching the obanggi. She unfurls the red flag—the flag of the Mountain God—over the heads of the supplicants as a sign of the god's benevolent acceptance of their petitions.

고객들은 만족하며 안도감을 표하고, 나는
만신의 치유 능력에 놀라움을 금치 못한다.

The clients seem satisfied and relieved, and I am in awe of the mansin's therapeutic powers.

점사를 푸는 의식이 끝나자 굿에서 가장 극적인 순간들이 이어진다. 장군복을 입은 만신이 영적 권위의 원천인 그녀의 진짜 몸주, 즉 산신을 모실 준비를 하고 있다. 그녀가 신의 기분을 살피기 위해 도구들을 시험하는 동안, 나는 그녀에게 바싹 다가간다. 먼저 그녀는 신성한 산의 가장자리에 긴 칼을 떨어지지 않게 걸쳐놓으려고 시도한다. 신성한 산을 상징하는 것은 낡은 드럼통과 그 위의 작은 상이다. 정화수 한 그릇, 쌀 한 통, 옷감 한 뭉치가 상에 올려져 있다.

With the divinations completed, the most dramatic acts of the gut follow. The mansin, clad in the General's outfit, gets ready for her encounter with her guardian spirit, the Mountain God, from whom she derives her spiritual authority. I draw close to her as she tests her utensils—apparently to gauge the mood of her god. First, she tries to balance a long sword on the edge of the symbolic divine mountain, an old oil drum on which a small table is placed supporting a vessel with clear water, a tub of rice, and a pile of clothes.

Is it a sign of the god's dissatisfaction that the sword falls back, causing the mansin to shed tears? Then she tries the same with a trident, obviously with better luck.

칼이 떨어져 만신이 눈물을 흘리는 것은 산신의 심기가 불편하다는 신호일까? 삼지창으로 다시 시도하자 이번에는 운 좋게 성공한다.

이 서막에 이어 역시 충격적인 일들이 벌어진다. 그녀는 질긴 천으로 묶여서 고정된 두 자루의 기다란 철제 칼날(작도, 작두)이 얼마나 날카로운지 혓바닥으로 확인한다. 그런 다음 그 날을 오른쪽 팔뚝에도 문지른다.

This prelude is followed by equally startling acts: she checks the sharpness of two long iron blades (jakdu), tied together with a piece of strong cloth, on her tongue and subsequently also on her right forearm.

나는 숨을 쉴 수가 없다. 이 긴장감 넘치는 분위기는 만신이 접신을 위해 그 신성한 산에 오르는 굿의 절정을 예고한다.

I hold my breath; the tense atmosphere building up around me presages the climax of the gut: the mansin's ascent to the divine mountain to receive her Guardian Spirit.

그녀가 작두에 오르기 시작하자 곁에 몰려 있던 고객들은 박수를 치며 격려하고, 남자 몇 명이 위태로운 구조를 안정적으로 고정시킨다. 만신은 두 깃대를 붙잡고 균형을 유지하면서 맨발로 작두 위에 서 있다.

As she starts climbing, the clients crowd around her with helping hands, and a few men stabilize the precarious structure. The mansin balances herself by holding on to two flagpoles, standing barefoot on the double iron blades.

그녀가 몸을 곧추세우고 작두를 타자, 신이 그녀의 입으로 말하며 공수(신의 말씀)를 내리기 시작하는데, 그 하이라이트는 만신의 얼굴표정에 나타난다.

As she perches high up, her Spirit begins to speak through her and delivers a long divinatory sermon (gongsu), highlights of which are reflected on the mansin's face.

자신들의 귀에 들리는 것에 사로잡힌 사람들 사이로 정적이 흐른다. 여성들은 손바닥을 비비며 기도한다. 비록 한마디도 알아듣지 못하지만, 나 역시 공수의 긴장감 속으로 깊이 빠져든다. 공수가 끝나자 안도의 한숨이 터져 나오며 긴장이 완화된다. 지친 기색이 역력한 만신은 주변의 도움을 받아 작두에서 내려온다. 발은 멀쩡하다. 그녀가 집안으로 들어가 사라지자 우리는 지도자를 잃은 무리처럼 가만히 서 있다. 다음에는 무슨 일이 벌어질까?

Total silence prevails as the community stands transfixed by what they hear. Women rub their palms in prayer. Although I do not understand a single word, I, too, get deeply drawn into the intensity of the divine address. When the sermon stops, an audible sigh of relief eases the general tension. Visibly worn out, the mansin is helped down, her feet unhurt. She is led inside the house. With her gone, we stand around like a leaderless flock. What next?

나는 동료와 함께 그곳을 떠났다. 한참 동안 우리는 그날 본 것에 넋이 빠져 아무 말도 하지 못했다. 그러다가 목을 축이기 위해 작은 술집에 들어갔다. 여전히 혼란스러운 상태였다.

I leave the compound with my colleague. We are silent as we are still under the spell of what we just have witnessed. In a daze, we enter a small wine shop for a cool drink.

변화하는 경주

Changing Gyeongju

1967년 10월, 나는 처음으로 서울을 벗어나 신라의 옛 수도인 경주로 향했다. 당시 경주는 장대한 산맥에 둘러싸인 광활한 평야에 집약농들이 자리한 한적한 작은 도시였다. 나는 상당히 목가적인 곳이라는 첫 인상을 받았다.

In October 1967 my first destination outside Seoul was Gyeongju, the old Silla capital. At that time Gyeongju was a sleepy small town in a vast, intensively cultivated plain surrounded by majestic mountain ranges. My initial impression was distinctly rural.

도시를 압도하며 먼 곳에서도 눈에 띄는 거대한 왕릉만이 이 지역의 영광스러운 과거를 말해주고 있었다.

Only the huge royal tombs dominating the town and visible from far away bore witness to the area's glorious past.

가장 높은 고분인 봉황대에는 큰 나무들이 무성했는데, 무덤 주위에 빼곡히 들어선 가옥들에 살고 있던 주민들은 봉황대 울타리를 빨랫줄로 사용했다.

The highest tomb, Bonghwangdae, was overgrown with large trees, and its fence served the inhabitants of the houses, which crowded around the tomb, as washing line.

신라시대 유물은 대부분 평야 곳곳에 흩어져 있었으므로, 여러 유적지를 방문하려면 상당히 오랫동안 걸어야만 했다. 그림 같은 현대식 정자를 갖춘 안압지의 경관은 평화롭기 그지없었다. 이 연못은 통일신라의 왕들이 환락을 즐기던 궁의 일부였다.

As most Silla relics were scattered over the plain, visiting them demanded long walks on foot. A tranquil sight was the Anapji Pond with its picturesque (modern) pavilion; it was part of a pleasure palace of United Silla kings.

유명한 황룡사는 13세기 몽골군의 침략으로 불에 탄 후 주춧돌만 남아 있었다. 그때 소실된 황룡사 9층 목탑은 한반도에 세워진 가장 큰 목조 건축물로 명성이 높았다.

Of the famous Yellow Dragon Temple (Hwangnyongsa) only the foundation stones were left after it had been burned down by the Mongol invaders in the thirteenth century; its pagoda was reputed to have been the largest wooden structure on the peninsula.

녹초가 될 때까지 걸은 끝에 우리는 평야 동단에 위치한 토함산 기슭의 불국사에 다다랐다. 높은 대지에 세워진 이 절에 들어가려면 유명한 두 돌다리를 통과해야 했다. 청운교와 백운교는 단체사진을 찍기 위한 완벽한 장소였다.

After an exhausting march we reached Bulguksa Temple on the eastern edge of the plain at the foot of Tohamsan Mountain. Access to the temple on the elevated terrace was via the famous entrance bridges. The Blue Cloud Bridge (Cheongungyo) and the White Cloud Bridge (Baegungyo) provided a perfect stage for a group photo.

경주박물관은 20세기 초에 지어진 아담한 건물에 들어서 있었는데 뜰이 꽤 넓었다. 그때 박물관에서는 경주와 인근에서 발굴된 다수의 석조 유물들과 토기들을 전시하고 있었다.

The Gyeongju National Museum, housed in a small, early twentieth-century building with a spacious yard, presented a rich collection of Silla stone artifacts and pottery excavated in and around the town.

흰색 옷을 차려입은 신사들이 조상의 묘 앞에서 지내는 제사에 참여하고자 발길을 재촉하는 모습은 도시에 귀족적 정취를 더해주었다.

An aristocratic flavor wafted through town when gentlemen in perfect white hastened by to take part in ceremonies in front of ancestral tombs.

몇 년 뒤 경주를 다시 방문했을 때, 고고학적 발굴이 한창 진행 중이었다. 1974년 10월에 98호분의 발굴은 상당히 진척된 상태였다. 멀리서 보면, 그것은 마치 절개된 돌무더기처럼 보였다.

A few years later, when I returned to Gyeongju, hectic archaeological excavations were underway. In October 1974 the excavation of Tomb 98 was far advanced. From afar, it looked like a dissected rubble mount.

내가 간 날에는 북분(北墳)의 발굴이 막 끝난 상황이었고, 현장시찰 나온 지방 관리를 위해 고분이 개방되었다. 이 무덤의 머리 부분 끝단에서는 화려한 금관, 정교하게 세공된 긴 드리개가 달린 번쩍이는 금제 허리띠, 풍부한 부장품이 출토되었다. 실제로 이 무덤은 왕족에게 잘 어울리는 안식처였다.

On the day I visited it, the excavation of the interior of the Northern tomb had just been completed, and it was opened for a visiting local official. The site revealed a spectacular gold crown, a glittering gold girdle with finely crafted long pendants, and rich burial objects at the head end of the tomb. Indeed, this was a fitting resting place for a royal person.

인접한 무덤들 주변 지역이 정비되고 있었고, 국립 공원화 작업이 진행되고 있었다. 4년 뒤에는 푸른 잔디가 무덤 위에 깔렸고, 방문객들은 넓은 인도를 이용하게 됐다. 면모를 일신한 고고학 유적지는 갈수록 많은 여행객을 끌어들였다. 천마총에 입장하려는 사람들의 줄은 언제나 길게 늘어서 있었다.

The area around the nearby tombs was being cleaned up, and efforts were underway to transform it into a public park. Four years later, green grass covered the tombs, and visitors strolled over wide walkways. The renovated archaeological sites attracted growing numbers of tourists. The queues for entering the Tomb of the Flying Horse (Cheonmachong) were always long.

무덤 내부에 발견된 유물들이 전시되고 있었는데, 그 가운데는 자작나무 껍질로 만든 안장의 일부에 그려진 귀중한 천마도도 있었다. 천마도는 신라시대 그림 중 현존하는 유일한 그림이다.

In its interior artifacts discovered in the tomb are exhibited, among them the precious painting of a flying horse on a saddle piece of birch bark—the only extant example of Silla painting.

고고학자들은 황룡사 터도 발굴하기 시작했다. 목탑의 육중한 중심 기둥을 떠받들었다고 생각되는 거대한 주춧돌이 주된 관심이었다.

Archaeologists had also started to excavate the site of the Hwangnyongsa Temple. The massive foundation stone that is thought to have supported the huge central pillar of the wooden pagoda was obviously a prime object of attention.

일꾼들은 조심스럽게 그 주변 땅을 파헤쳤다.

Workmen carefully pounded the ground around it.

불국사도 대대적으로 보수되었다. 대웅전 구역으로 통하는 다리들에는 새로 돌난간이 설치되었다. 안압지도 놀랄 만큼 변모했다. 인공 연못은 원래 크기로 확장 복원되었는데, 그 가운데 떠 있는 연꽃과 배 한 척은 신라 왕족의 풍류를 떠올리게 했다. 예전의 왕궁이 중건되었고, 연못 주변을 한가로이 걸어다닐 수 있는 산책로가 사방으로 연결되었다.

Bulguksa Temple, too, was subjected to a thoroughgoing renovation; new stone balustrades were fitted on the bridges leading up to the main terrace. The transformation of the Anapji area was astounding. The artificial lake was expanded to its original size, with lotuses in its midst and a boat suggesting the pleasure outings of Silla royalty. The former palace complex was rebuilt, and a network of paths invited leisurely walks around the pond.

복원은 1970년대를 이끄는 표어였다. 복원을 통해 경주는 단기간에 한국에서 가장 붐비는 관광지들 가운데 한 곳으로 변모했다.

Restoration was the guiding mantra of the 1970s. Within a short time, it transformed Gyeongju into one of Korea's busiest tourist attractions.

모험적인 섬 여행

Insular Adventures

제주도

1968년 5월, 나는 서울대 학생들과 함께 제주도로 답사를 떠났다. 우리는 먼저 밤차를 타고 남서해안의 주요 항구 도시 목포로 갔다. 제주도행 배가 저녁에 출항했기 때문에 도시를 둘러볼 여유가 있었는데, 목포는 어시장으로 유명했다.

Jeju Island

In May 1968 I joined an excursion of SNU students to Jeju Island. We took the night train to Mokpo, an important harbor on the southwest coast. Since our boat to Jeju sailed in the evening, we had time to look around Mokpo. It was famous for its fish market.

상당히 큰 일본식 건물을 보니 이 도시가 식민지 시대에 농산물 수출항으로서 중요한 역할을 했다는 사실이 떠올랐다. 뒷골목은 그 나름의 독특한 매력을 지니고 있었다.

A massive Japanese-style building reminded us of the town's crucial role as an export port of agricultural goods during the colonial era. Back alleys had their special charm.

우리는 밤새 배를 타고 가서 제주시에 도착했고, 거기서 남한에서 가장 높은 산인 한라산(1,950m) 등정을 시작했다. 이미 따뜻해진 5월의 햇살을 받으며 돌이 많은 산길을 따라 올라갔다. 무거운 배낭을 짊어진 우리 모두에게 고된 등반이었다.

An overnight boat trip took us to Jeju City, from where we started our ascent of Hallasan Mountain (1,950m), the highest mountain in the southern half of the peninsula. We climbed on a stony trail in the already warm May sun; with heavy rucksacks on our backs it was an arduous hike.

등산길 곳곳에 진달래가 활짝 피어 있었다. 그 길을 따라가다 보니 일곱 시간 만에 마침내 화산호(백록담)가 있는 정상에 이를 수 있었다. 원래는 정상 부근의 작은 오두막에서 하룻밤 묵을 생각이었지만, 우리가 도착했을 때 그곳은 이미 약초를 캐는 사람들로 꽉 차 있었다. 태풍이 북상하고 있었기 때문에 우리는

Wild azaleas were in bloom everywhere. After seven hours we finally reached the summit with its crater lake, Baengnokdam. We had intended to pass the night in a small cabin near the summit, but when we arrived there, it was already occupied by gatherers of wild medicinal plants. With a typhoon approaching from the south, we had no chcice but cram in. While my male companions had to spend the stormy night standing up, I was lucky to be allowed to squat in a corner. As soon as dawn arrived, we got up and out into the rain; it was futile to expect breakfast. After a slippery descent, we returned drenched and hungry to our base in Jeju City.

좁아빠진 그 공간을 비집고 들어갈 수밖에 없었다. 함께 간 남학생들이 폭풍우 치는 밤을 서서 지새우는 동안, 나는 운 좋게 구석에 쭈그리고 앉아 있는 호사를 누렸다. 동이 트자마자 우리는 아침 먹을 생각도 못하고 서둘러 빗속을 뚫고 나갔다. 미끄러운 산길을 따라 하산한 우리 일행은 굶주린 채 비에 흠뻑 젖어 제주시의 숙소로 돌아왔다.

그 후 며칠 동안 시내버스를 타고 섬을 돌아보며, 멀리 한라산이 보이는 동쪽 해안의 성산포를 비롯해 때묻지 않은 절경 여러 곳을 감상했다.

During the next few days, we explored the island by public bus and enjoyed a number of spectacular sights of unspoiled nature, among them the bay of Seongsanpo on the east coast with Hallasan Mountain in the background.

서귀포에서 하루를 묵었을 때 나는 생기 넘치는 그곳의 시장을 구경하며 돌아다녔다.

We passed a night in Seogwipo, where I wandered through its lively market.

특별히 기억에 남는 것은 화산암으로 높이 쌓아올린 담장 뒤에 초가집이 숨어 있는 마을들을 지나며 산책한 일이었는데, 돌담은 끊임없이 부는 바람과 호기심 많은 구경꾼에게서 집을 보호해주었다. 편평한 초가지붕은 여러 줄기의 단단한 새끼줄로 고정되었다.

Especially memorable were our walks through villages with their straw- thatched houses hidden behind tall walls of volcanic rock—sheltering them against the constant wind and curious passersby. The flat straw roofs were held down by a network of strong ropes.

해안을 따라 어디서나 고기잡이하는 모습이 눈에 띄었다. 한림 근처에서는 어부들이 그물을 손질하고 있었다. 우리는 해녀라 불리는 유명한 여성 잠수부들을 보고 싶었는데, 서귀포 인근에서 그들을 볼 수 있었다. 하지만 우리가 접근하자 해녀들은 크게 경계했다. 내가 여성임을 확인시켜준 뒤에야, 그들은 가까이 다가가 사진을 찍는 것을 허용했다. 함께 간 남자들은 멀찌감치 떨어져 있어야만 했다.

Along the coast, fishing was ubiquitous: fishermen were mending their nets near Hallim. We were eager to get a glimpse of the famous diving women (haenyeo). Near Seogwipo we spotted them. Our approach, however, greatly alarmed them. Only after I had convinced them of my gender did they allow me to get near and take pictures; my male companions had to stay a good distance away.

일부 해녀는 홍합과 전복이 가득 찬 그물주머니(망시리)를 들고 바다에서 막 나와 몸에 꼭 끼는 잠수복을 벗고 있었다. 그 가운데 한 명은 작은 칼로 가시가 많은 검붉은 성게를 한방에 쪼개어 끈적거리는 그 반쪽을 먹어보라고 내밀어 내 용기를 시험했다. 오후 늦게 시장에서 일하는 여성 한 명이 도착해서 그날 잡은 어패류의 무게를 재고 값을 매겼다.

Some divers had just come out of the water with their baskets full of mussels and abalone and were shedding their tight diving suits. One of them tested my courage by offering me the slimy halves of a prickly dark-red sea urchin she split with one blow of her short knife. In late afternoon a market woman arrived to weigh the day's harvest and fix its price.

나중에 우리는 바닷가에 늘어선 작은 천막 식당 한 곳에서 맛있는 매운 양념장을 곁들인 신선한 해산물을 맛보았다.

In one of the small eating tents along the coast we later sampled the fresh catch served in deliciously spicy sauces.

울릉도

가장 모험에 가까운 여행은 뭐니 뭐니 해도 1969년 6월 동해의 작은 외딴 섬 울릉도를 답사한 것이었다. 동해안의 포항과 울릉도의 유일한 항구인 도동항을 연결하는 배는 일주일에 한 척뿐이었다. 출항하기 전, 우리는 포항종합제철소(훗날의 POSCO)를 지을 부지로 지정된 포항시 서쪽의 넓은 평지를 둘러보았다.

Ulleungdo Island

My undoubtedly most adventurous trip was the excursion to Ulleungdo, a small island far out in the East Sea, in June 1969. There was only one boat per week that connected Pohang on the east coast with Dodong, Ulleungdo Island's sole harbor. Before embarking, we inspected the wide plain west of town that had been designated as the site for the construction of the Pohang Iron and Steel Company (later POSCO).

저녁이 되어 화물과 승객, 가축을 실은 디젤 기관선을 타고 항해에 나섰고, 그렇게 파도가 출렁이는 바다를 열 시간가량 항해했다. 새벽녘이 되어서야 섬 가까이에 당도했는데, 배가 너무 커서 작은 항구에 닻을 내릴 수 없었기 때문에 작은 보트로 옮겨 타야 했다.

We sailed in the evening on a diesel-powered ship that transported goods, people, and livestock. After some ten hours on a rather choppy sea, we approached the island by daybreak. The ship was too large to anchor in the tiny harbor, and we were ferried to land on small boats.

이윽고 육지에 닿아 보니, 도동은 아주 작은 마을이어서 숙식할 만한 곳이 없었다. 하는 수 없이 우리는 가져 간 쌀과 생선 통조림을 조리하여 간단히 끼니를 때웠고, 그 지역 초등학교 교실의 맨바닥에서 잤다.

Dodong consisted of a cluster of small houses and had no facilities to feed and house us for the night. We cooked simple meals with the rice and canned fish we had brought with us and slept on the bare floor in a room of the local primary school.

우리는 일주일 동안 머물면서 섬을 일주했다. 도착한 다음날에는 무거운 배낭을 메고 내륙의 나리로 향했다. 나리는 섬의 중앙에 위치한 작은 취락이었다. 논은 없었는데, 이 지역 주식이 옥수수와 감자였기 때문이다.

We used our week-long stay for a trek around the island. On the day after our arrival, we set out inland toward Nari, shouldering heavy rucksacks. Nari was a small settlement in the center of the island. There were no rice paddies, and the staple food was maize and potatoes.

그날 밤은 어느 가정집에서 묵었다. 옥수숫대로 엮어 만든 두툼한 외벽이 그 집을 감싸고 있었는데, 외벽은 강한 바람을 막기 위한 것이었다. 초가지붕은 바람에 날아가지 않도록 무거운 널빤지로 눌려졌다.

That night I spent with a local family in a house that was typically enwrapped with a thick curtain of maize stalks to shelter it against the strong winds; its thatched roof was weighed down with heavy wooden beams.

이웃의 다른 집들에는 얇은 나무조각을 포개놓은 너와 지붕이 얹혀 있었는데, 큼직한 돌들로 고정돼 있었다.

Other houses in the neighborhood had shingled roofs secured with large rocks.

그곳에서는 돈이 가치가 없었으므로, 우리는 우리가 밥을 지어먹었던 주인집 가마솥에 쌀을 남겨 놓음으로써 환대에 대한 감사의 마음을 전했다.

Since money had no value here, we "paid" for hospitality with the rice left in the cauldron we had been allowed to cook it in.

With a local guide we climbed the island's highest mountain, Seonginbong Peak (984m). It was a steep and slippery ascent through dense undergrowth. The locals in Nari had doubted that we would be able to reach the summit, but we did!

하루는 그 지역 안내원과 함께 울릉도의 최고봉인 성인봉(984m) 등반에 나섰다. 무성한 덤불을 헤치며 가파르고 미끄러운 길을 오르는 산행이었다. 나리의 주민들은 우리가 정상에 오르지 못할 것이라 생각했지만, 우리는 해냈다!

Through impenetrable foliage, we had occasional glimpses of the coast and the sea. We descended toward the north and continued our round-trip along the coast.

앞을 분간하기 힘들 정도로 빽빽하게 우거진 나뭇잎들 사이로 가끔 해안과 바다를 볼 수 있었다. 정상에 오른 후 북쪽을 향해 하산하여 해안일주를 계속했다.

그러는 동안 가난해 보이는 어촌인 현포동을 지났다.

We passed through Hyeonpo-dong, a poor-looking fishing village.

섬의 북쪽 끝에 이르자 학생들 대부분은 걷는 데 지쳐 배를 빌려 도동으로 돌아갔다. 나는 거친 바다에서 멀미할 것이 두려워 해안을 따라 걸어서 돌아가기로 결심했고, 학생 두 명이 나와 동행했다.

By the time we had reached the northern end of the island, most of my companions were tired of walking and hired a boat to return to Dodong. Dreading getting sick on a rough sea, I decided to walk back on the coastal path; two students accompanied me.

걸어가는 동안 한 여성이 미역을 건조용 틀에 집어넣는 것을 보았다.

We watched a woman pressing sea kelp (miyeok) into models for drying.

또 곳곳에서 생선을 신선한 해풍으로 말리는 중이었는데, 그렇게 건조된 생선은 나중에 여러 마리가 한 묶음으로 포장되어 뭍으로 수출되었다.

In many places stock fish was drying in the fresh breeze, later to be bundled and packed for export to the continent.

우리는 울퉁불퉁한 해안가 길을 따라 걸으며 멋진 경치를 감상했다.

We enjoyed some spectacular sights along the rugged coast.

해안을 따라 걷는 여정은 예기치 않게 중단되었다. 해안가를 우리처럼 어슬렁거리는 일은 울릉도에서는 보기 드물었기에, 우리를 수상하게 여긴 누군가가 경찰에 신고했던 것 같다. 갑자기 경찰 두 명이 우리 앞을 막아 섰고, 학생들을 간첩 혐의로 체포했다. 내가 항의했지만 소용이 없었다. 우리는 도동으로 호송되었고, 경찰과 서울대 교수인 답사 인솔자 사이에 기나긴 논쟁이 이어졌다. 교수가 학생들의 무고함을 개인적으로 보증한 후에야, 그들은 비로소 풀려났다. 호기심 많은 아이들이 우리 주변에 모여들었다. 다행히 그날 밤 우리 모두는 마침내 포항으로 돌아가는 배에 오를 수 있었다.

Our march along the coast came to an unexpected halt. Lonely walkers were a rare sight here, and we must have been spotted and reported to the local authorities. Suddenly, two policemen confronted us and, suspecting my companions of spying, arrested them—against my protest. We were escorted to Dodong, where lengthy discussions between police and the expedition head (a professor of SNU) ensued. Only after the latter vouched personally for the students' innocence were they finally released. Curious children crowded around us. Fortunately, that night all of us could at last board the ship back to Pohang.